Un mojado en Chicago y cuatro discursos inaugurales

José Ángel Navejas

I0557720

Un mojado en Chicago y cuatro discursos inaugurales
PRIMERA EDICIÓN 23 de abril de 2021

© José Ángel Navejas
© Fotografía de portada Sebastián Hidalgo
© Publicado por katakana editores 2021

EDITOR: Omar Villasana
DISEÑO Y MAQUETACIÓN: Elisa Orozco

I S B N : 978-1-7365650-0-1

katakana editores corp
Weston FL 33331
katakanaeditores@gmail.com

José Ángel Navejas

Un mojado

enChicago

y cuatro
discursos
inaugurales

katakana
editores

CRÉDITOS

"Crecimiento negativo" apareció originalmente en inglés en febrero 2017 en *The Point Magazine* y una primera traducción por Susana Galilea se publicó en la revista *contratiempo* (primavera 2017); "La libertad del limbo" es parte de *Palabras migrantes: 10 ensayist@s mexicanos de Chicago* (2018). La revista digital *El BeiSMan* publicó "Preposiciones y basketas" (2014); "Panorama con escritor" (2015). Los siguientes discursos también aparecieron en *El BeiSMan* en su versión original en inglés: "Las universidades son fuentes de doctrina moral y civil" (2017); "La paradoja del paria indispensable" (2018); y "La frontera" (2019). El artículo "Cómo nos (des)ven" apareció originalmente en inglés en la revista digital *Literal* en marzo de 2020.

A los indocumentados en Estados Unidos,
y en todo el mundo

PRESENTACIÓN

El título *Un mojado en Chicago y cuatro discursos inaugurales* hace alusión a un poemario en específico y al discurso académico como género literario. Para comenzar, este libro adopta y reimagina el título de la obra de Federico García Lorca *Poeta en Nueva York*. Asimismo, utiliza la idea del discurso inaugural para identificar ponencias académicas en las que se me ha invitado a participar. No obstante, el autor de estas páginas no es ni poeta ni Chicago es Nueva York y ni mucho menos las charlas que aquí se presentan pueden compararse con el discurso inaugural tradicionalmente conocido por su elevada retórica y vuelo filosófico como el pronunciado por Justo Sierra, por ejemplo, en la inauguración de la Universidad de México en 1910. Por consiguiente, el título *Un mojado en Chicago y cuatro discursos inaugurales* plantea a su autor como una parodia. Lejos de encarnar la figura tradicional del autor, la contradice, y se presenta en toda la crudeza de su condición social: como un "mojado", un desplazado económico que, por accidente, se encuentra con la lectura y, por accidente también, se vuelve escritor. Dicho de otra forma, esta obra es, si se quiere, una especie de testimonio literario de un indocumentado.

Este libro está dividido en tres partes. La primera está compuesta por ensayos que escribí entre 2013 y 2018. Si bien algunos de ellos son relativamente recientes, la mayoría reflexiona sobre experiencias anteriores, como el deslumbramiento y la conmoción de los que caí preso al descubrir la lectura y las inquietudes existenciales que ese suceso crucial despertó en mí. Así, los textos de esta primera parte son una especie de búsqueda de identidad la cual, dadas mis particulares circunstancias, ocurrió en una etapa relativamente tardía de mi vida, aproximadamente entre los 30 y 40 años de edad. Esa fue para mí una década reveladora, pues me mostró que, si bien habían abundado los autores mexicanos en Estados Unidos, ninguno de ellos podía representarme ni explicarme. Me di cuenta de que, por más poderosa, elocuente e informada que fuese, no existía obra alguna de un autor mexicano —desde Lorenzo de Zavala hasta Álvaro Enrigue, el primer autor mexicano en escribir en Estados Unidos y uno de los más recientes, respectivamente— que pudiera capturar mi experiencia ni explicar mi dilema legal, mi limbo existencial en este vasto país.

Por consiguiente, esta primera parte registra una especie de deseo, un desplazamiento del ser: el tránsito del espíritu obrero al intelectual. Dos factores hicieron posible dicha transformación: el acceso a la educación superior y las bibliotecas públicas, estas últimas inexistentes e inconcebibles en mi nativa Guadalajara, a pesar de su impresionante feria anual que le permite jactarse de ser la sede literaria del mundo de habla hispana. Menos pretenciosas e infinitamente más útiles y enriquecedoras son las bibliotecas públicas estadounidenses, que como fenómeno sociocultural en sí son tema de un estudio aparte. Por ahora baste decir que, al igual que en mi caso, dichas instituciones, y sobre todo el *libre acceso* a las mismas, han dejado deslumbrados a autores tales como José Vasconcelos, Martín Luis Guzmán y Álvaro Enrigue.

Asimismo, las bibliotecas públicas de Chicago, en específico, han nutrido a toda una generación de lectores y no pocos escritores inmigrantes que han logrado algo inusitado en la tradición literaria mexicana: el surgimiento de una literatura de clase obrera. No una literatura que *trate* retóricamente el tema de la clase obrera, sino, más bien, una literatura hecha *por y para* la comunidad inmigrante. Debido a que, en el imaginario mexicano, el migrante ha existido siempre más como un arquetipo de lo abyecto que como un individuo con voz y experiencia propias, el hecho mismo de que exista una literatura mexicana *de* Chicago es ya un fenómeno subversivo de la tradición, sobre todo por

10

los principales temas que explora: la "ilegalidad", el trabajo y la formación de una nueva comunidad.

Decir que en Chicago existe una literatura mexicana y que ésta es subversiva son afirmaciones arriesgadas, y lo más natural es que despierten suspicacias. Nada más lógico si se tiene en cuenta que, históricamente, en México el quehacer literario ha estado reservado a una élite socioeconómica. Pero el movimiento que aquí se expone surge en Estados Unidos, una sociedad que, si bien oprime al migrante en otros ámbitos, también le da acceso a espacios, información y medios que su país de origen nunca ha tenido interés en ofrecerle. No es coincidencia que, tan solo a partir del siglo xx, la literatura estadounidense haya producido, entre muchos otros, a autores como Jack London, James Baldwin, Toni Morrison Richard Rodriguez, Raymond Carver y Ocean Vuong, procedentes todos de la clase obrera. En más de cinco siglos de literatura en México, que yo sepa, no se puede hablar de un linaje similar, y solo en décadas recientes ha surgido un fenómeno parecido. Algunos de los autores de extracción obrera que han enriquecido la literatura mexicana con su experiencia a partir de la década de 1970 incluyen a Armando Ramírez, Julián Herbert y Primo Mendoza, con los cuales los escritores mexicanos de Chicago tienen más en común.

En los dos o tres años que han transcurrido desde que escribí los ensayos correspondientes a la primera parte de *Un mojado en Chicago...* ha habido desarrollos importantes que quizá ameriten que revise algunas de las afirmaciones que hago respecto a la marginalidad de la literatura mexicana de Chicago. Por ejemplo, Francisco González Crussí, quizá el autor mexicano con mayor trayectoria en la ciudad, fue galardonado con el Premio Internacional de Ensayo Pedro Henríquez Ureña en México. La editorial independiente El BeiSMan Press ha re-editado *Territorios*, la obra de Primo Mendoza, un escritor brillante y prácticamente ignorado en México. Esa misma editorial ha publicado *Palabras migrantes*, la primera antología de ensayistas mexican@s radicados de manera permanente en una ciudad principal de Estados Unidos. La Universidad de Illinois ha publicado la traducción de mi autobiografía, *Ilegal*, haciendo de esta la primera traducción al español de esa casa editorial en un siglo de historia. Y, por último, este año se me ha otorgado el título de doctor en letras hispánicas, lo cual, que yo sepa, me vuelve la primera persona indocumentada (sin protección del programa DACA) en recibir un doctorado de una universidad pública estadounidense.

He resistido la tentación de reflexionar a fondo sobre estos avances ya que, al concebir esta obra, lo que me interesaba era capturar un momento específico de la literatura mexicana de Chicago como fenómeno cultural sin precedentes y el cual, salvo en contadas excepciones, sigue siendo ignorado en el país de origen de sus autores. Prueba de esto es la edición de mayo de 2018 de la *Revista* UNAM, que está dedicada a la cultura mexicana en Estados Unidos y en la cual ningún autor mexicano de Chicago fue invitado a participar. No es que el movimiento literario de los mexicanos en Chicago se desconozca por completo. De hecho, en los últimos años, la gran mayoría de los autores que aparecen en dicha edición de la *Revista* UNAM han viajado a Chicago a exponer su obra y han tenido oportunidad de entrar en contacto con los escritores locales. Esto me lleva a pensar que, más que una opinión informada sobre los mexicanos de Chicago, la falta de interés en nuestra producción literaria obedece a cierta miopía de los autores y editores en México. Al parecer, la realidad existencial de los mexicanos en Estados Unidos se limita a un diálogo entre las élites literarias mexicanas de Nueva York y la Ciudad de México y la literatura en español en Chicago es solo válida cuando se importa de dichas metrópolis y no cuando se nutre y se crea con la experiencia de la comunidad aquí asentada.

La segunda parte es una continuación de la primera en el hecho de que consta de textos escritos para pronunciarse en diversas universidades de la región del Medio Oeste, que es donde *Ilegal*, mi autobiografía, ha tenido mayor impacto. Este desarrollo no carece de ironía: un joven que llegó a Chicago a trabajar como lavaplatos de repente es convocado a explicar la condición del indocumentado ante audiencias académicas que anteriormente habían considerado al indocumentado como un mero objeto de estudio más que como sujeto histórico. Debido a que las universidades donde he pronunciado estos discursos son instituciones que me han invitado a raíz de la publicación de mi autobiografía, el lector notará ciertos momentos recurrentes en los textos, los cuales son pasajes selectos de mi obra que he elegido con el fin de contextualizar mi historia.

La tercera y última parte de esta obra entra de último minuto y no se refleja en el título. Contiene tan solo dos textos, ambos relativamente recientes. Uno de ellos es un artículo crítico sobre la controversia que surgió en Estados Unidos en torno a la novela *American Dirt*, de Jeanine Cummins y que Omar Villasana, editor en jefe de katakana editores, me sugirió añadir a esta colección.[1] El otro es un discurso que pronuncié en la Universidad de Chapman, en Orange, California, sobre la frontera entre México y Estados Unidos: el muro que ha definido y separado el joven que fui del hombre que ahora soy. 🅱

JOSÉ ÁNGEL NAVEJAS
Urbana, Illinois, febrero 2021

---

[1] A menos que así se indique, la traducción de este artículo y los discursos así como la de cualquier otro texto escrito originalmente en inglés las he hecho yo. Cualquier omisión o imprecisión es responsabilidad mía.

PARTE I. Desde la periferia

La libertad del limbo

En un sueño reciente, aparezco como un joven adulto, formado en una larga cola en la garita fronteriza. Soy el mismo joven que aquel fatídico día, a sus diecinueve años, partiera hacia el otro lado desde su natal Guadalajara. En mi sueño, me veo relajado, seguro de mí mismo, lo cual me inquieta. Incluso en el abismo del sueño, la realidad no deja de pesar en el subconsciente. Quiero gritarme, advertirme, correr hacia mí y desengañarme: de concretarse, el cruce legal que evidentemente estoy a punto de efectuar borraría, en un instante, los últimos 25 años de mi vida y la manera en la que los he vivido. Cortaría, de tajo, el angustioso sueño que en ese momento me agita. Y es que, por más real que me parezca, estoy de cierta forma consciente de que la escena que presencio no es más que algo engañoso e ilusorio. Me sé actor de una realidad paralela: más que al tedioso orden de la burocracia, mi *verdadero* cruce, en su momento, obedece a la azarosa lógica del caos, al pacto con las tinieblas.

Mi sueño, no obstante, se me presenta como una alternativa inocua, una manera de evadir ese incierto horizonte hacia el que me dirijo, ese imperio de sombras, tierra natal y hogar único del indocumentado. Y aún así, en mi sueño me empeño por evitar ese legítimo cruce, que es casi una herejía, una afirmación que es una negación: favorece la vida deseada y desdeña la vida vivida; es una fantasía que redime el presente a expensas del pasado.

Dicha certeza, según la percibo, sería equivalente a un aborto, otro sueño quizá, pero no este en el que tú, lector, y yo, existimos. Sería una realidad más benévola, de identidades falsas, de una vida obrera pero estable, de familias felices, de negocios prósperos, quizá, de carreras exitosas, con un poco de suerte. Sería cualquier otra cosa, pero no lo que a ti y a mí aquí nos concierne: la narrativa clandestina que en este momento nos une: este patético drama, esta condición de sombra que el destino me ha deparado y en la cual ahora tú participas.

Súbitamente, como suele ocurrir solo en los sueños, mi vista se desplaza a una velocidad vertiginosa hasta alcanzar a ese joven, ese joven que soy y que no soy yo. Soy él porque mi rostro y mi físico así lo confirman. No soy él porque en su tranquilidad y en su confianza me desconozco. Me desconozco, sobre todo, en ese extraño ejercicio en el que se encuentra absorto. Ese joven que soy y que no soy está entregado a la lectura, lo cual es algo completamente ajeno a mí, una actividad que, en el medio del que provengo, se ve siempre con suspicacia, e incluso con desdén: una cosa inútil y ociosa, propia de holgazanes y desobligados sin necesidades económicas de que preocuparse ni asuntos imperiosos que atender.

Ese joven que soy y que no soy cierra el texto que tiene en las manos y entonces veo el nombre del autor, Octavio Paz. La cola es larga todavía, así que el joven mete al patriarca de la literatura mexicana en su mochila y saca otro libro, éste con un título en inglés: en la portada aparece la fotografía de un joven moreno, de torso desnudo y un tatuaje caricaturesco en la frente. En ese momento, desde el sueño que controla la escena, lo recuerdo: es un libro que abre también describiendo un sueño, un complejísimo sueño lírico donde razas y lenguas y culturas se buscan, se cortejan y se entrelazan. Conforme el joven avanza confiado con su falsa identidad hacia la garita, el sueño comienza a borrarse y yo despierto con una sensación incómoda, con una firme convicción de que en ninguno de esos dos libros me reconozco, o —como en ese joven de mi sueño— me reconozco solo a medias. Despierto, y lo hago con la convicción de que ni el cruce legal y ni ninguna de esas dos narrativas me pertenecen ni me definen: lo que me pertenece, lo que me define es la incertidumbre, mi renacer en las penumbras.

* * *

Muchos años después de mi cruce real, de mi cruce clandestino, me encuentro en un aula universitaria. Cuando me reintegro de nuevo a la educación formal tengo ya casi 30 años de edad. Pero decir que me *reintegro* es ya una exageración. Sin que en ese momento exista siquiera plan ni intención alguna de recibir a los jóvenes indocumentados en las universidades estadounidenses, yo, un adulto hecho y derecho, ingenio mi propia entrada. Más que parte del sistema estadounidense, me convierto en un infiltrado en sus aulas, un testigo de su elevado salto intelectual, un polizonte en su sublime vuelo espiritual, un espía de sus indomables giros lingüísticos, un Calibán en potencia.

Me cuido de entablar amistad alguna con mis compañeros, que además sería algo incómodo, sino imposible. De todo el estudiantado, me separa la edad, el color de piel, el idioma, la cultura toda. Me siento, entre ellos, como una bestia rara. Mas pronto descubro que lo verdaderamente raro es esa muy mexicana suspicacia mía, ese permanente e innato estado de alerta, primera línea de defensa y supervivencia del mojado. Ellos, por su parte, ni siquiera notan mi presencia o, si la notan, la ignoran. O, peor aún: ven mi presencia entre ellos como la cosa más normal del mundo. Esta última posibilidad es algo que me reconforta y me confunde: ¿cuál sería la reacción de los afortunados jóvenes mexicanos si descubrieran, en sus aulas universitarias, que un gringo mayor se ha colado entre ellos?

En ese momento, no es el sueño americano, sino un ajuste de cuentas lo que busco, incluso si no puedo todavía articularlo, o siquiera imaginarlo. En mi imaginación, más bien, esa improbable incursión toma la forma de una fantasía. Entro, como Alicia en la madriguera, sin pensar siquiera en cómo podré salir de ahí. Entro en aquella aula sin plan alguno. Soy una persona sin rumbo, guiado más por curiosidad que por ambición alguna.

Cosa rara, la curiosidad. Sobre todo en el contexto escolar que instruyó mis primeros años. Para mis maestros mexicanos, por ejemplo, la curiosidad no era una virtud que había que fomentar, sino un vicio que había que cortar de tajo. Para ellos, profesionistas encargados de adoctrinar mentes infantiles con principios arcaicos, lo importante era el rigor, la severidad, la disciplina. Tanto así que mi recuerdo de los momentos más notables de mi paso por el sistema educativo mexicano es este: en primer año, la espartana disciplina de la maestra Coti hizo que me cagara en los pantalones; en tercero, la regla del maestro Silvestre se estrelló en numerosas ocasiones contra las palmas de mis manos; en el primero de secundaria, el borrador del Maní hizo lo propio, pero contra mi frente, corroborando, en cada lanzamiento, la legendaria puntería de su talentosa mano derecha; y, el próximo año, el Mambo no dejó nunca de recordarme que la mía no era más que una cabeza hueca. ¿Qué pensarían todos ellos de mí ahora, si acaso se tropezaran con estas líneas? ¿Qué inquietud, qué reflexión les merecería yo, que en sus aulas nunca fui más que una imposición y un estorbo? ¿Qué pensaban entonces, enfrascados como se encontraban en esa dialéctica del señor y el esclavo, no a un nivel teórico sino estrictamente punitivo? ¿Qué los llevó a renunciar a ese privilegio casi sagrado de formar mentes y entregarse, en lugar de eso, a un primitivo instinto? Quizá no eran más que maestros castrados, concluiría Enrique Dussel, dedicados, a su vez, a castrar a sus discípulos.

Pero mis educadores fueron perspicaces y efectivos. Recibieron en sus aulas a un niño sin talento ni futuro, y se esmeraron en canalizarlo por el laberinto de la burocracia educativa. Rousseau lamentaba que su siglo se había enfocado más en destruir al hombre que en cultivarlo. A finales del siglo xx, en México, ese fenómeno se había recrudecido: no era ya cuestión de reprimir la humanidad del hombre, sino de suprimirla desde la infancia.

Y así, de mis años párvulos en el sistema educativo mexicano, rescato dos cosas: un alfabetismo rudimentario y un genuino desagrado por la vida intelectual. ¿Qué hacía yo, pues, de regreso en un aula, en un aula estadounidense, casi a los treinta años de edad, buscando en una lengua extranjera lo que en la mía se me había negado?

Buscaba acceso, oportunidad.

Buscaba, quizá, la aventura. Pero no me engañaba: la mía no podría ser la aventura que el privilegio posibilita, sino la que la carencia impone. No buscaba una épica que desatara mi imaginación, sino una narrativa que me anclara en la experiencia. Buscaba entenderme. Buscaba entender mi recorrido que, lejos de obedecer el puntual itinerario del vacacionista clasemediero, como el de Francisco Hinojosa en Pilsen, seguía la pauta del desplazamiento económico.

Buscaba libertad.

* * *

Una de las principales lecciones de mi vida en Chicago, ahora lo entiendo, ha sido aprender a vivir presa de la ironía. Saber que, por mayor que sea el deseo que en cierto momento me impulsa, una fuerza mucho mayor y juguetona está siempre al acecho, una fuerza que rige y conduce mi vida toda.

Ahí está, por ejemplo, mi vida de desplazado económico: llegar a este país salivando riquezas y terminar entregándome a este burgués placer de la escritura; verme reflejado en alguna amarillenta y olvidada página donde la fortuna aparece, seductora y frágil: una ilusión que primero brilla y luego se deshace; llegar a Chicago como un joven entusiasmado y terminar un viejo amargado y escéptico; y, dentro de esta fantasía capitalista, aceptar la invitación, reinventarme, entrarle a la dialéctica, a este hipócrita y perverso juego, este claroscuro trasfondo que me ilumina, que me niega y que me ofusca al mismo tiempo. Saber que las decisiones que he tomado —aprender inglés, retomar mi educación formal, renunciar al llamado sueño americano, reinventarme, infiltrarme, por medio de un fantástico giro, en estas líneas— pude bien no haberlas tomado nunca, en cuyo caso ni estas páginas existirían, y ni tú, lector, ni yo seríamos. Pero la cuestión es que somos ¿o no?, y los universos hipotéticos viven mejor en mentes menos contaminadas, más fantasiosas, en teclados más capaces.

¿Pero qué significa, este asunto de existir, este afán, esta inquietud, este cosquilleo ontológico? Después de todo, volverse anónimo, ¿no es también una forma de existir? Por más oscura que sea, una vida clandestina sigue siendo, al fin y al cabo, una vida. Pero desaparecer, ¿puede también ser una forma de vivir?

En retrospectiva, creo que esa fue mi lógica al llegar a Chicago hace un cuarto de siglo: ser, ser como los demás para desaparecer entre ellos. Como un criminal que se sabe perseguido, busqué insertarme en la muchedumbre y ahí, en el anonimato, encontrar mi refugio, establecerme, echar raíces. ¿Y qué otra manera de hacerlo sino comenzando desde el inicio, familiarizándome con los principios básicos de mi nuevo hogar, es decir, empapándome de su cultura, dejándome seducir por su lengua para así, algún día, domarla?

Si bien al principio mi deseo de aprender inglés, de hablarlo con fluidez nativa, fue motivado por razones puramente prácticas, con el tiempo me di cuenta de que, entre mejor la blandieara, esta nueva lengua mía me abriría paso, no con el amenazante filo del acero, sino con el familiar susurro de lo cercano. Mi dominio del inglés haría de mí una persona menos visible. Por medio de un evento paradójico y misterioso, mi soltura me volvería invisible ante los ojos de los demás. Sería, así, una persona menos conspicua. ¿Y no era esta, para un indocumentado, una estrategia valiosa, casi idónea?

Un plan, a todas luces, infalible, siempre y cuando no se tomen en cuenta las dificultades para aprender el lenguaje coloquial, el acento, los matices y la textura del idioma, que viven, florecen y se expanden en el mundo real, pero que languidecen, se marchitan y mueren en la sombra de las aulas. Y así, en mi triste inocencia, me persuadí yo de que algunas horas de instrucción básica me redimirían: de manera mágica, cuatro horas diarias de aprendizaje de vocabulario, conjugaciones, ejercicios sintácticos y recreación de situaciones hipotéticas me ayudarían a pasar desapercibido en el mundo concreto.

Eso, se entiende, ocurriría cuando tuviera, al fin, la oportunidad de aproximarme a "ese" mundo, el mundo que yacía más allá de mi realidad cotidiana, de mis obligaciones laborales de ser marginal. Cuando pudiera, por fin, librarme de los candentes vapores de la máquina lavaplatos, mi única y leal fuente de ingresos. Me libraría no solo de ese menospreciado oficio, al que yo le debo años de subsistencia, sino de las imperiosas exigencias de los cocineros. Los cocineros, esa pintoresca cofradía que, durante las noches de mayor concurrencia en el restaurante, no dejaban nunca de espolearme, así como mi bisabuelo lo hiciera con su único burro y fiel compañero: ¡Platos, más platós, en chinga cabrón!

Llegado ese momento, como el esclavo afroamericano de antaño, me colaría, de nuevo, por la puerta trasera, para luego materializarme ahí, donde nunca nadie me había llamado, en ese lugar cuya holgada existencia era posible, en gran parte, gracias a mi invisible presencia. Entonces sonreiría amablemente y diría, en un afectado acento—Yes?

Ese era, en suma, mi plan: un lento y sigiloso avance desde las antípodas de la sociedad estadounidense hacia su centro. No ambicionaba, por supuesto, las luminarias. El mío era, más bien, un plan de supervivencia básica. Y si algo de deshonesto puede en él advertirse, es porque su objetivo era encubrir el pecado capital del mexicano pobre en este país: la violación flagrante de su soberanía. Mi fantasioso manejo del inglés me ayudaría a sepultar esa transgresión, a mofarme impunemente de esa abstracta noción de integridad territorial que no sirve sino para engalanar el discurso oficialista a la vez que oculta, explota y desecha la mano de obra barata y la población clandestina que la provee, de la cual entonces yo era, y sigo siendo, parte. Poseer la magia del idioma me concedería las cualidades de un ser espectral: cuando así lo quisiese podría ser parte de un alegre convivio urbano, para luego regresar, desaparecer de nuevo en la penumbra de la gran noche indocumentada.

O por lo menos así concebía en ese entonces mi relación con mi nuevo hogar. Imaginaba un intercambio recíproco y justo: mi buen manejo del idioma local se traduciría en una fácil asimilación social la cual, a su vez y en un futuro no necesariamente previsible pero certero, desembocaría en una integración plena con la resolución favorable de mi situación legal.

Esto último estaba, por supuesto, fuera de mis manos. Lo que a mí me correspondía, lo que podía controlar, eran los aspectos más cercanos de mi vida, es decir, mis prioridades, que en ese entonces, gracias a un descubrimiento que puso mi mundo de cabeza, habían cambiado de manera radical. Fue un descubrimiento de lo más fortuito que, sin embargo, transformó mi vida por completo. En el iluminado sótano de un edificio público en un suburbio de Chicago descubrí algo que México y su fallido sistema educativo me habían negado, o simplemente no habían hecho esfuerzo alguno por mostrarme: el embrujo de la lectura.

Y ese es, en breve, el mayor beneficio que he recibido de los Estados Unidos: que transformó mi desmedida ambición por el dólar en un amor genuino por la lengua.

Esta transformación, que mucho tiene de paradójico y absurdo, ¿cómo explicársela a mi madre, a quien le había prometido construirle un segundo piso en su casa en los márgenes de Guadalajara? ¿Cómo convencerla de que, en lugar de la solidez del ladrillo, de los castillos, del hormigón y la mezcla que fortalecieran el asentamiento que ella llama casa tendría que conformarse con la abstracta mutación de su hijo? A lo largo de 25 años contemplaría, a la distancia prescrita por el sistema legal estadounidense —y luego ficticiamente reducida por Skype—, mi metamorfosis: de lavaplatos a estudiante de inglés; de busboy a estudiante de preparatoria; de mesero a estudiante universitario; de egresado a fallido empresario; de traductor profesional a desempleado; de esposo y amo de casa a autor; de anónimo mojado a conferencista; de vivir presa y sin voz en esta ciudad a ofrecer ponencias en campuses de costa una a costa de Estados Unidos, y hacerlo desplazándome de un aeropuerto a otro, disfrutando impunemente al pasar frente a las narices de los oficiales de aduana sin poder contener una burlona sonrisa en mis adentros; de haber sido un párvulo desdeñado por sus maestros, un desertor escolar a los doce años, a ser aceptado como estudiante de doctorado en las universidades de McGill y British Columbia, ambas parte del Ivy League canadiense; y, por último, dejar caer el telón de esa fábula canadiense, sin haberme movido ni un centrímetro de una realidad más cercana, más mía: mi supervivencia en Chicago, en cuyas calles me he formado y en cuya universidad pública, UIC, me he nutrido y transformado.

Tendría, supongo, que tratar de persuadir a mi madre —y ahora a mi esposa y a mi hija— que como todo, hasta la historia más abyecta, es parte de la vida, no es imposible reducirla a un puñado de páginas, incluso a unos cuantos párrafos. Y así, sin más herramientas que el lenguaje y la experiencia, mi único consuelo en este prolongado limbo ha sido reinventarme, reimaginar mi relación con el mundo que me ha tocado, con el papel que se me ha asignado. Mi verdadera vocación, ahora lo entiendo, es sortear los muros que constantemente se erigen frente a mí, encontrarles las grietas, colarme por ellas.

Asumir, por así decirlo, el absurdo teatro de mi destino.

Soy, por citar a Richard Rodriguez, la víctima cómica de dos sociedades desquiciadas: expulsado de una por el abismo de su desigualdad económica, y desairado en la otra por su flagrante hipocresía moral.

Tendría que explicarle a mi madre la mayor paradoja de mi vida: que México no supo educarme y me mandó, muy de niño, al trabajo; y que Estados Unidos, después de ofrecerme una educación superior en todo sentido ya como adulto, me niega, ahora, el trabajo.

A veces, extraviado en este tipo de cavilaciones, dudo de ser un hombre de carne y hueso. Me siento, más bien, como la jocosa creación de un autor perverso. Soy, en su juego, en la dimensión irónica a la que me ha confinado, un personaje condenado a seguir reviviendo y *reinventando* el sueño referido al inicio, actuando la única historia que me pertenece en la única realidad en la que existo, una historia circular que debo repetir *ad nauseam*:

Ensayé: llegó mi redención. Me dije, también: mi vida es una geografía ascendente. Sí —escribí— una geografía dantesca a escala patética: México, Estado Unidos, Canadá. Después reparé en la naturaleza religiosa de esas metáforas, y eso me disuadió. Recordé entonces que todo instante está preñado de posibilidades, y que la decepción y la ironía son traviesas gemelas y que un instante les basta para abatirnos o encumbrarnos.

El trasfondo es este: un joven adulto que entra a Estados Unidos como indocumentado. Un joven que, además, vio su educación formal truncada a la edad de doce años. En Chicago pasará años fogueándose en diferentes ocupaciones propias a su extracción social: en cocinas, en fábricas, o podando verdes e interminables yardas bajo el atroz sol del verano. Su vida en ese entonces lo satisface. Es decir, tener empleo —así entiende esa rápida sucesión de ínfimas labores— lo mantiene contento. Solo algo lo inquieta desde su llegada. Por un lado, sabe que realizar esa ambición —aprender inglés— lo ayudará a comunicarse mejor cuando no esté trabajando o en casa. Y, por otro lado, sabe también que esa extraña y nueva lengua puede ser innecesaria. Sabe, por innumerables ejemplos que ve a sus alrededores, que es posible llevar una vida cómoda y próspera sin someterse a los calvarios que el aprendizaje del inglés seguramente impone.

Obedece su instinto y aprende inglés. Al mismo tiempo cursa la prepa (el término "high school", está convencido, carece de glamour), y son esos sus mayores logros y en ellos se regocija.

Pasarán años para que pueda vislumbrar una nueva idea. Su realidad, su vida concreta, esa condición de sombra que asumió al irrumpir en la profunda noche estadounidense, no ha cambiado. Los modestos logros que alcanzó en sus primeros años como migrante no han logrado arrojar luz alguna sobre el imperio de penumbras en que habita. Había aceptado el reto creyendo que así progresaría. El tiempo, estaba seguro, le daría la razón.

Pensar así era inevitable. Lo que no era inevitable era pensar en metáforas, pero de todos modos lo hacía. En ese entonces estaba lejos de saberlo, de sospechar siquiera los vínculos emotivos que establecería con ese nuevo lenguaje, ese idioma prestado, esa lengua indómita en la que ahora trastabillaba. No conoce aún el misterioso placer de la lectura, y si alguien le dijera que algún día llegaría a sentir un profundo amor por la palabrería contenida en libros con apellidos como Bacon, Hume, Gibbon, Johnson, Carlyle y Emerson y Thoreau y Coetzee, lo más probable es que se hubiese carcajeado en la cara de su interlocutor. Hubiera respondido, seguro que hubiera respondido, ¡no mames, güey! Pero nadie había en su entorno que pronunciara esos nombres, y las metáforas que se le ocurrían tenían una inocencia anterior y posterior a la lectura; eran infantiles o hollywoodenses, y por ende doblemente agradables.

La metáfora que más le ronda en la cabeza, la que más le gusta e inquieta, es la de una antorcha. Sostenida en su mano derecha, la antorcha lo guía desde unas profundidades oscuras e insondables hasta el seno de una sociedad que ahora todavía ignora su existencia. Esa antorcha, está claro, es su nuevo idioma.

Ya pasado mucho tiempo, este joven se da cuenta que se dejó seducir por un espejismo. Y por una gran ironía: los logros de los que se ha ufanado por años —ahora lo sabe— no son sino el equivalente a la educación básica del país en el que ahora radica.

Hasta aquí no hay, en esta historia, nada de especial. Un desengaño, si se quiere, pero nada más. Los verdaderos aprietos llegan después, cuando este joven comienza a ver con recelo a los universitarios y se pregunta, ¿qué los distingue de mí? Mejor hubiese sido no indagar así. Pero su curiosidad se agudiza: ¿qué hacen ellos que no pueda hacer yo? Y así, por medio de un inocente juego mental que se extiende varios años, un buen día decide solicitar ingreso a la universidad. Total, qué podría perder. Después espera, con anticipada resignación, recibir noticias, que ciertamente serán malas y definitivas. Una carta que dirá: rechazado. Pero en lugar de eso recibe una calurosa misiva de bienvenida. Vuelco inesperado en su vida, su ingreso a la educación superior pronto sacudirá su mundo.

Una fotografía de sus primeras clases lo hubiera mostrado cómodo y estable en su pupitre, pero sería una imagen engañosa, pues él se sabe al borde del precipicio. En su primera clase, Platón lo cuestiona, lo encabrona, lo estremece. Con Platón, su mundo se enriquece, se degrada y se complica.

Posteriormente, su vida dará lugar a una sucesión de ironías: la universidad, a la que ingresó ya tarde en su vida, en lugar de cursarla en cuatro años, la termina en tres; su español, que ha sufrido enormemente, se vuelve el enfoque de sus estudios de posgrado; no habiéndose atravesado con la lectura sino casi hasta los treinta años, escribe un libro en su lengua adoptada; habiendo llegado sin más que una precaria y básica educación mexicana a Estados Unidos, dos Ivy Leagues canadienses lo becan para que realice en ellas un doctorado.

Y así regresamos a nuestro tema inicial: más de media vida hurgando en las penumbras debían haberme enseñado ya que la vida indocumentada es un limbo perpetuo, y que la esencia de esta trinidad norteamericana es el absurdo, y que en este peregrinaje mío algo hay de demencial, de demoniaco y dantesco, pues para cambiar una eterna primavera por climas fríos y éstos por prolongados inviernos árticos hay que estar trastornado, o ser un poseído, o hay que estar colmado de esperanza.

Sí, la esperanza, que siempre muere al último.

Después escribí: México rechazó mi juventud; Estados Unidos me enseñó a ser hombre, pero solo Canadá me devolverá la dignidad.

Y en seguida ingerí el placebo. Lo increíble, pues, fue haber admitido la posibilidad, sucumbir ante esa infusión de optimismo contra el cual ya debía ser inmune.

El teléfono sonó. La funcionaria canadiense comenzó a indagar sobre mi estado migratorio en Estados Unidos. Perpleja ante mi respuesta, se despidió deseándome suerte.

Y ya no hubo necesidad de más, pues entonces comprendí mi condición de paria, de ser detestable e irredento. Y me dije: este melodrama norteamericano es digno de una telenovela, de una parodia divina. Y, plagiando descaradamente un lema pandilleril, escribí un tentativo título: *Una vez mojado, siempre mojado.* ⌗

Crecimiento negativo

Durante mi infancia en un aburrido y empobrecido vecindario de Guadalajara, había un acontecimiento que nunca dejaba de provocar nuestro entusiasmo: el retorno del hijo pródigo del barrio. Era siempre un joven de cuerpo moreno que irradiaba el aura del éxito. Durante esas visitas fugaces, ostentaba el botín de sus empleos temporales como lavaplatos, jardinero, albañil y quién sabe qué otras ocupaciones manuales en un lugar donde aparentemente a todo el mundo le iba bien.

Pero la verdad era que nadie sabía a qué tipo de trabajo se dedicaba, y ni nos importaba. En una sociedad profundamente obsesionada con la apariencia, lo que importaba era su radiante presencia, sus fabulosos aparatos electrónicos, sus tenis imposiblemente blancos. Posesiones materiales. Para nosotros, ese joven era la personificación misma del éxito.

En un lugar donde el estancamiento era la norma, lo más natural era que mi imaginación infantil depositara sus anhelos y aspiraciones en aquel lugar mitológico de donde el hijo pródigo siempre regresaba. Al igual que todos los niños de mi extracción social, pronto yo también comencé a concebir la eventual jornada hacia el norte como un inevitable hecho de la vida.

Tres décadas después, hoy me doy cuenta de que nunca ha habido una seducción más triste. Los lotófagos y las sirenas habrán mantenido a Odiseo alejado de su hijo, de su esposa y de su Ítaca. No obstante, mientras que los navíos griegos se sacudían o mecían obedeciendo el capricho de los dioses, a nuestros pies los impulsaba la necesidad y el incesante percutir de la historia. Necesidades básicas y absurdas, como la comida en la mesa y un nuevo par de zapatos. Y miedo, el temor de simplemente existir en el tiempo, de ocupar siempre la misma extensión de espacio, de la opaca existencia que los que regresaban de Estados Unidos invalidaban de forma instantánea. Ahora me doy cuenta de que ellos también estaban atrapados en el ciclo de una cosmogonía fantástica, humillante y sangrienta: sacrificaban su juventud para complacer a los dioses y hacer que volviera a salir el sol, o que la Tierra siguiera girando, o alguna babosada así.

La peculiaridad de nuestra historia queda mejor ilustrada con una de las obras perdidas de Aristófanes, aquella de la que tan solo la ambientación sobrevive: un animado y repleto anfiteatro, atiborrado por una jocosa y decadente audiencia que bebe y se ríe y echa porras y grita improperios y se divierte. La escena es un collage de jardines públicos moteados de árboles de aguacate y de limón, pueblitos soleados, ranchos rebosantes de milpas y plantas de jitomate. Son comunidades abandonadas por una generación entera de jóvenes y capaces manos que respondieron al llamado de una resplandeciente ciudad sobre una colina. Los muchachos dejan atrás el calor de sus pueblos natales y las frescas mañanas de sus placenteros valles para dedicarse a aplastar aguacates, exprimir limones, picar jitomates, mezclarlo y servirlo todo acompañado de un respetable tazón de totopos a sus patrones legítimos, quienes decidieron asentarse en una tierra con clima adverso.

Tal vez esta historia resultaría menos irónica si los diligentes jóvenes se hubiesen limitado a interpretar su parte en la comedia y regresado de inmediato a sus hogares. No obstante, su verdadero problema comienza cuando optan por quedarse, cuando optan por aumentar la cantidad y la dificultad de sus labores manuales. Y así, progresivamente, de la pisca en los campos soleados transitan a suntuosas residencias suburbanas donde se dedican a hacer reparaciones, a podar el pasto, a desempolvar muebles y donde, eventualmente, terminan arrodillados, restregando salpicados inodoros ajenos. Esta comunidad en la que se encuentran es el mismo lugar donde, en breve, serán denigrados por los mismos individuos cuya economía y cómodo estilo de vida los había seducido desde la infancia. A pesar del rechazo y el resentimiento, los jóvenes deciden quedarse, ¿por qué? Descubren, al igual que mi vecino que regresaba, la singularidad del lugar que de mala gana los acogía: su inherente capacidad de fomentar el crecimiento.

●

No es ningún misterio que, en la actual economía global, el crecimiento es el credo principal de todas las sociedades. La fe en el crecimiento, como cualquier otra convicción, no carece de ironías. Algunos de los pilares fundacionales del capitalismo —la filosofía, la guerra, el comercio— han explotado la retórica de esta fe a tal grado que resultó necesario condensarla en un sencillo acrónimo, PIB, como un enorme cuerpo celeste que de repente se hubiese colapsado sobre sí mismo.

No es solo el crecimiento económico ilimitado lo que hace que Estados Unidos sea un país excepcional; México, Brasil y la India prometieron también incalculables tesoros a sus colonizadores europeos. Lo excepcional de los Estados Unidos es que la idea del crecimiento ha sido siempre parte esencial de su sicología nacional. Los puritanos no buscaban únicamente acumular riquezas: deseaban cultivar su fe, echar raíces en un lugar donde su espíritu pudiera respirar y estirarse y bostezar a sus anchas. Los legendarios padres fundadores heredaron ese optimismo: un sentido de las posibilidades tan inmenso y sublime que uno no puede evitar sonreír al leer su elevado pacto con la humanidad. Algo que encuentra mayor resonancia en las creencias contemporáneas, aunque se vista de jerga metafísica, es su lema, *la búsqueda de la felicidad*, que nos lanza a todos, como al asno, en pos de una zanahoria.

Al igual que los políticos, los poetas norteamericanos predicaron las virtudes del crecimiento. Cuando Ralph Waldo Emerson desenterró y abrió el féretro en el que yacía su esposa, el deterioro de la naturaleza no le causó buena impresión: su optimismo no alcanzaba a reconciliarse con la realidad de la putrefacción. En todos lados veía crecimiento: una bellota contenía todos los bosques futuros; una gota de agua, todos los océanos. Aunque los libros de texto lo recuerdan como el sabio de Concord, también se le podría considerar un profeta romántico del expansionismo estadounidense. Al aspirante a erudito le recomendaba, con metáforas empoderadoras y volubles, depender únicamente de su imaginación estadounidense. "Nuestro día de dependencia", escribió, "nuestro largo aprendizaje de los conocimientos de otras tierras, llega hoy a su fin. Los millones que alrededor nuestro se precipitan hacia la vida no pueden alimentarse por siempre de los marchitos restos de cosechas extranjeras. Surgen actos y acontecimientos que deben ser cantados, que se cantarán solos". Mejor que cualquier otro autor de su época, Emerson expresó los sueños de crecimiento de Estados Unidos y su misión de Destino Manifiesto, que ya estaban presentes tanto en el espíritu de la política estadounidense como en el ritmo inexorable de los llamados pioneros que se adentraban hacia el oeste.

La guerra con México, aunque fuera denunciada por poetas como Emerson y Thoreau, fue una expresión del ideal expansionista de Estados Unidos, de su hambre de crecimiento. La promesa de tierras y de prosperidad había impulsado la iniciativa de Stephen Austin de reclutar a trescientas familias estadounidenses para poblar lo que hoy es Texas en lo que en aquella época era el extremo norte del territorio mexicano. Mientras los mexicanos se limitaban a observarlos, los estadounidenses se establecieron, montaron comercios y escuelas, y pronto declararon independencia en un lugar que apenas unos años antes los había acogido como huéspedes. Al haber quedado Texas bajo el control de sus colonos angloparlantes, no era difícil imaginar que los territorios que llevaban al océano (Nuevo México, Arizona, Colorado, Utah, Nevada, California y partes de Wyoming, según algunos) acabarían corriendo la misma suerte.

Conforme se abrían camino hacia el oeste, los colonos angloamericanos empezaron a cortejar a las damas de la alta sociedad mexicana en lugares como Nuevo México, con el fin de mejorar su posición social y reclamar derechos legales sobre el nuevo territorio. Su avance implacable obligaría a terratenientes en lugares como California a firmar acuerdos en un idioma que desconocían, según los cuales cedían los derechos sobre sus propiedades para no tener que vérselas con el acero y la pólvora de los recién llegados. Al concluir la guerra entre México y Estados Unidos, se firmó un tratado que fijaba nuevas fronteras, con lo que comunidades enteras quedaban fracturadas y abandonadas en un vacío legal que inspiró el célebre lema chicano, "Nosotros no cruzamos la frontera: la frontera nos cruzó a nosotros".

•

Durante la década de 1980, Estados Unidos ejerció un poder magnético que atraía a mis vecinos hacia el norte durante la mayor parte del año y los soltaba por breves intervalos, durante los cuales se materializaban de nuevo en la soleada Guadalajara, como una alegre parvada de pájaros migratorios regresando a sus abandonados nidos.

Yo también bebí de la copa de la promesa y del crecimiento económico. Una tarde radiante de 1993, me sometí a mi rito de iniciación: un trayecto de 36 horas en camión hasta Tijuana me depositó a las puertas de la vida adulta y de la solvencia económica. Pero hoy, treinta años después, el fenómeno de la migración circular —que les había permitido a mis vecinos hacer visitas anuales a sus familias— ha quedado relegado a los libros de historia. Las relajadas normas fronterizas que les permitían ir y venir libremente (aunque de manera informal), según la demanda de mano de obra, han dejado de existir. Lo que quedó en su lugar son alrededor de 11 millones de personas indocumentadas, como yo, atrapadas tras una frontera cada vez más militarizada.

Al igual que mis vecinos, yo también me colé en los Estados Unidos creyendo que huir del estancamiento social era posible solo mediante el avance económico. Si en aquella época alguien me hubiera dicho que las palabras también tenían el poder de emancipar, yo le hubiera contestado con un prosaico "¡No mames!", porque entonces para mí las palabras no tenían importancia. O sí la tenían, pero solo si servían para darles mejor enfoque a mis metas, como agregarle un segundo piso a la casa de mi madre. (¿Pero quién ha construido un segundo piso solo con palabras?)

Aun así, como medida práctica decidí aprender inglés. Y, mientras asistía a mis clases, descubrí que también podía presentar el examen del GED y obtener así ese anhelado diploma de preparatoria con el que, debido a mi situación socioeconómica, nunca podría haber soñado en mi país de origen. Algo que no me planteaba en absoluto era acceder algún día a la educación superior. Fue solo después de un verano que pasé de garrotero junto con otros jóvenes universitarios del área que decidí acudir al colegio comunitario, una especie de universidad del barrio, y solicitar mi ingreso. Sin percatarme de ello, al recorrer ese breve tramo por la Calle 111, emprendí la legendaria ruta del éxito estadounidense: al igual que los peregrinos y los pioneros, me encaminé hacia el oeste, mítico horizonte donde el sol muere y los sueños renacen. Fue gracias a esa universidad comunitaria que llegué a darme cuenta de que las palabras tienen la capacidad de emancipar. Pero nunca se trató de una epifanía que llegara de repente a liberarme de la pobreza y de la oscuridad: fue más bien un proceso lento, inesperado y conflictivo, que primero me hipnotizó y me nutrió, para luego cuestionarme y sacudirme.

Ahora me parece irónico que dos hombres que comparten el mismo nombre me hayan instruido en virtudes estadounidenses diametralmente opuestas: en mi imaginación, Ralph Waldo Emerson y Ralph Waldo Ellison son la personificación del optimismo y del escepticismo inherentes al dilema que vivo en la actualidad. Representan el papel de traviesos demiurgos que me arrojan entre ellos en un perverso juego hegeliano. Desde los inicios de mi vida como lector, Emerson reemplazó la idea del crecimiento concreto con algo intangible pero edificante; sus palabras me inspiraron con la promesa de la autosuficiencia y la autodeterminación. Muchos años después, Ellison me mostraría la cara opuesta: la región de la invisibilidad, un lugar de carencia y de frustración, que sin embargo era rico en lirismo y preguntas. Presentaba una contranarrativa que planteaba enigmas como: ¿es posible no existir y suponer un problema al mismo tiempo?

•

La invisibilidad es, por naturaleza, azarosa, arbitraria y cruel, y Estados Unidos tiene una particular propensión a imponerla. Mi primo Andrés, por ejemplo, se volvió invisible a los ojos de los estadounidenses cuando cruzó la frontera algunos años antes que yo. Desde entonces vive con la conciencia de que solo un evento extraordinario puede convertirlo de nuevo en un ser de carne y hueso.

Un día, hace unos cinco años, me llamó por teléfono. Su mamá acababa de fallecer en Guadalajara. Destrozado por la noticia, sopesaba sus posibilidades de asistir al funeral y regresar a Chicago sin percance para lamentar la pérdida con su esposa y sus hijos. Permanecí en silencio, impotente. ¿Qué podía yo aconsejarle cuando apenas había estado leyendo reportes de secuestros, drones militares, cámaras infrarrojas y civiles armados patrullando la frontera? ¿Qué esperanza podía ofrecerle cuando otros que intentaron realizar un trayecto similar por razones similares se habían convertido en polvo en algún tramo del desierto?

Cuando me invitan a compartir mi experiencia como indocumentado con distintas comunidades, a menudo me dejan perplejo los malentendidos que tengo que afrontar. Un señor mayor se para y me exige una buena pinche razón para no denunciarme a la policía en ese mismo instante. Pero es que en ese caso no podríamos tener esta conversación, le contesto.

Estoy consciente de la importancia de ese diálogo. Ese breve intercambio posee en sí mismo un gran valor: por el simple hecho de participar en él, ambos estamos continuando la tradición del cabildo abierto, que en la opinión de Tocqueville constituye uno de los pilares de la experiencia democrática estadounidense. Es obvio que nuestras motivaciones son diferentes: el hombre está decidido a hacer cumplir el estado de derecho, mientras que yo me veo obligado a defender mi humanidad. Al final, nuestra conversación se desvía hacia el tema de la economía. Él insiste en que la gente como yo hace que baje el salario de los trabajadores estadounidenses; yo le contesto que nosotros hacemos posible que los estadounidenses tengan un estilo de vida cómodo y asequible. Agrego que, como jubilado, él debería ser un aliado de los indocumentados, puesto que la Administración del Seguro Social ha retenido de nuestros cheques 100 mil millones de dólares por concepto de impuestos tan solo durante la última década. Se mantiene escéptico: en su versión de Estados Unidos no cabe la idea de que un delincuente esté financiando su jubilación.

Yo también soy escéptico.

Durante la campaña electoral de 2016, escuchamos de todo con respecto al problema de los indocumentados: desde la construcción de un inmenso muro a lo largo de la frontera sur hasta algún tipo de truco instantáneo que nos haría salir al descubierto, como conejos saltando del sombrero de un mago. Pero, hasta la fecha, la situación se ha mantenido sin cambios por más de dos décadas. En una nación que dice creer en la igualdad, la justicia y la prosperidad, alrededor de 11 millones de sus habitantes —casi la población total de Illinois— nos encontramos varados en un perpetuo limbo.

Los economistas emplean el término "crecimiento negativo" para describir la economía en contracción de un país. Cuando esto sucede en Estados Unidos, no es infrecuente culpar del problema a los indocumentados. Al considerarnos el crecimiento negativo de la nación, también se nos ha considerado una enfermedad, una presencia indeseada que se debe extirpar de inmediato, como un cáncer. Esto apunta a otro tipo de crecimiento negativo: una contracción de la promesa de Estados Unidos de acoger a las muchedumbres hacinadas y exhaustas.

Cuando era niño, en Guadalajara, soñaba con algún día regresar a mi ciudad natal, como Toño y Juan y Alberto, irradiando el aura del éxito. Lo imaginé sabiendo, incluso a esa temprana edad, que migrar hacia el norte significaba que muy probablemente estaría destinado a llevar una vida clandestina. No obstante, ese anhelado retorno hipotético enmendaría todos los lazos rotos con mi familia, con mi comunidad, con mi lengua y conmigo mismo. Entonces no importarían ni el duro trabajo físico ni la profunda humillación que indudablemente iba a experimentar, ya que siempre podría contar con el milagro de esa sanación cíclica, incluso si era tan solo temporal.

Pero las pérdidas, supongo, no son solo mías: aquellos que votaron por arrancarme de mi esposa y de mi hija y de Chicago, que es mi hogar, también han perdido mucho. Esa pérdida que yo sufro como impotencia, ellos la experimentan como una lenta y corrosiva ira. En un mundo perfectamente matemático, estos dos negativos se cancelarían entre sí. No obstante, tal y como lo demostraron las pasadas elecciones, este no es un país regido por la razón. Y es así que nos encontramos: hundiéndonos mútuamente en el crecimiento negativo. 🃏

Preposiciones y basketas

La primera vez que leí a Jorge Luis Borges fue en un curso universitario. Era, después de Rubén Darío, el segundo autor hispanoamericano con el que me encontraba. Como me había ocurrido con Darío, a Borges solo pude entenderlo a medias. Debido a lo absurdo de su premisa, el relato que se me había asignado me resultaba no solo extraño sino poco probable: ¿cómo era posible volver a escribir, palabra por palabra, línea por línea, un texto ya existente? ¿cómo podría aspirar un autor francés del siglo xx a *convertirse* en un autor español del siglo xvii? Además de estar plagado de alusiones cultas que me resultaban del todo ajenas, el texto estaba en inglés, lo cual hizo de mi lectura una tarea doblemente ardua.

Algunos años después cuando, más por suerte que por mérito, me encontré cursando una maestría en literatura hispánica, volví a leer a Borges. Esta vez el relato en cuestión trataba un tema mucho más familiar: una historia de vaqueros. Era un cuento en el que los mexicanos dejábamos de existir por partida doble. Primero porque, en el cómputo final de las muertes atribuidas a Billy the Kid, los mexicanos ultimados no contaban; y, segundo, porque el autor incurría en lo que para mí representaba un insolente acto de agresividad metafísica: nos arrancaba la *x*, esencia misma de la identidad mexicana y, en lugar de la insigne letra, definía nuestro gentilicio con una débil y artificial *j*.

La *x*, todo mexicano lo sabe, es una manera de reivindicar nuestro pasado, una manera de sentir más cerca la gloria de los códices aztecas que en nuestros libros de texto conocemos con exóticos nombres europeos. Ultraje doble, el cuento de Borges me dio vueltas en la cabeza por varios meses.

Mi indignación no tenía nada de extraño. En un texto de otra manera espléndido, Octavio Paz admite una flaqueza similar: el recelo que sentía por algunos versos de Borges le nubló el juicio cuando sostuvo su primer encuentro con el autor argentino. Herido en su orgullo patriótico, Paz no lograba perdonarle a Borges el encomio que había hecho de los defensores de El Álamo.

Las fechorías de Bill Harrigan en contra de mis distantes paisanos me causaron un agravio que tenía tanto de ficción como de verdad. Ficticia era la manera en la que, al sentirse ninguneado, mi espíritu se henchía, se extendía y solidarizaba con aquellos muertos sin nombre. Asimismo, su anonimato implicaba una verdad inapelable. El relato de Borges no podía ser más atinado: en los Estados Unidos el mexicano es un fantasma. Como después descubriría en la obra de Juan Rulfo, éramos seres insustanciales: de las polvaredas del "Wild West" nos transmutábamos y aparecíamos luego hurgando entre las sombras de los enormes rascacielos del Medio Oeste. Nuestra transmigración atravesaba tiempo y espacio, mas dicho desplazamiento no se traducía en avance ontológico alguno. Formábamos parte innegable de la narrativa estadounidense. De una forma u otra estábamos presentes en su mitología. No obstante, ante el firme avance de su destino manifiesto, no habíamos sido más que una molesta piedrita en las botas de sus próceres. Nuestra respuesta al expansionismo militar estadounidense fue lenta y escurridiza pero eficaz y contundente: llegamos vueltos un ejército de sombras que ahora pulula desde las lluviosas orillas de Seattle hasta los más hostiles rincones del profundo sur.

* * *

Circula por aquí una anécdota en la que, irritado por el uso incorrecto de cierta preposición, Carlos Monsiváis interrumpió la conversación de un aspirante a escritor de Chicago. Consternado por el deterioro del español en estos lares, Monsiváis dictaminó que había que volver a leer a los clásicos, asimilar la sintaxis, fortalecer el vocabulario, pero sobre todo prestar atención al uso adecuado de las preposiciones, en cuyo descuido podía vislumbrar el gradual desmoronamiento de toda una civilización.

No es ningún misterio que, al abandonar nuestro hogar, lo primero que dejamos atrás es el uso "estándar" del idioma. Al atravesar la frontera, la lengua se metamorfosea y comienza a dar giros insólitos. Oscura caverna donde palabras una vez distantes colisionan y se fusionan, la garganta se vuelve laboratorio idóneo desde donde nuevos vocablos saludan a un mundo que los escucha con desconfianza. El *spanglish*, tímida identidad del inmigrante, no deja de ser tema de disgusto u oportunismo para nuestros intelectuales: Monsiváis lo detestaba pero Ilan Stavans ha sabido hacer de él toda una carrera.

¿Pero el inmigrante? Para el inmigrante, el inmigrante que no es ni intelectual ni académico, sino desplazado económico, el *spanglish* no representa las primeras señales del cataclismo por venir; tampoco es fenómeno estético. Para él, el *spanglish* es un recurso, una respuesta darwiniana a su nueva situación y entorno. Sobre todo para el indocumentado. Adoptar el vernáculo de su nuevo hogar es uno de sus primeros actos de supervivencia. El pronto dominio de dicho dialecto lo mantiene en pie en las tierras movedizas sobre las que ha aterrizado. Proveniente de un ámbito mestizo, el inmigrante no tiene reparo alguno en hacer suya la cópula lingüística en la cual se ve inmerso.

La complejidad del dialecto es tan amplia como lo son el número de ocupaciones por las que el inmigrante desfila. El mecánico consigue partes en el "yonke" (*junkyard*, o deshuesadero), arregla las "brecas" (*brakes*, o frenos), o le recomienda al cliente que verifique con su "aseguranza" (*insurance*, o seguros) si es que ésta cubre ciertos gastos. En una fábrica donde trabajé aprendí palabras como "quebrada" (por *break* o descanso), "ponchar" (por *punch in*, o checar tarjeta), "óbertaim" (por *overtime*, o tiempo extra), léirof (por *layoff*, o despido).

Los vocablos pueden variar incluso en ocupaciones del mismo gremio. En una pizzería me desempeñé haciendo "delíberis" (por *deliveries*, o entregas a domicilio) y a computar las "taxas" (por *taxes* o impuestos) al final de mi turno. En un restaurante mexicano donde laboré por más de diez años aprendí a "mapear" (*to mop*, o trapear), a "serapear" (*to set a table,* o poner la mesa). A pesar de que ambos restaurantes coincidían en el uso de ciertos términos como "carpeta" (*carpet*, o alfombra) o básboi (*busboy*, o garrotero), los paisanos italianizados habían logrado mantener la integridad de la palabra "canasta", mientras en el restaurante mexicano se me instruyó desde el primer día que los "chips" (totopos) debían servirse en una "basketa".

* * *

Poco, si algo, puede lograrse en el estudio de la literatura con el pintoresco lenguaje del mojado. A los treinta años de edad, habiendo apenas iniciado mi maestría, me di cuenta de una peculiar paradoja: mi capacidad para analizar textos en inglés era muy superior a la que poseía en español, pero solo en escrito. La celeste sombra de Darío me acechaba todavía. Ahora comprendía porque las hojas de *Azul...* me habían resultado tan herméticas diez años antes: la jerga cifrada de ese libro y mi lenguaje cotidiano pertenecían a universos mutuamente excluyentes. El libro en cuestión, seminal de todo un movimiento literario, requería poseer un lenguaje sólido y un considerable bagaje cultural, y yo lo había abordado con la educación y el vocabulario de un niño de trece años y sin más cultura que el imperio de penumbras en el que me iba iniciando.

Ahora, al tratar de internarme en el estudio de la literatura, me daba cuenta también de que los años que había dedicado al estudio del inglés habían sido asimismo años de negligencia respecto a mi idioma natal. Una de mis grandes vanidades había sido creer que me desenvolvía libremente en dos idiomas. Pero la verdad es que lo hacía solo a medias. Debido a que aprendí inglés ya de adulto, mi pronunciación del mismo era en ocasiones atroz. Como una culebra tanteando su entorno, al entrar en contacto con otros, una lengua partida en dos salía de mi boca.

Más que arduo, mi regreso al español fue penoso. En un momento me había imaginado que mi re-aculturación en español sería más bien cuestión de trámite. Entregar mis ensayos a tiempo bastaría para restaurar mi soltura y alcanzar, de manera mágica, una elocuencia que nunca había poseído. Pero, al relacionarme con mis compañeros, el deterioro de mi lenguaje y la pobreza de mi vocabulario se volvieron evidentes. Eran todos jóvenes latinoamericanos y españoles cuyas lenguas jamás habían sido laceradas por el garfio de la migración. En los seminarios, en lugar de exponer mis ideas de manera directa y clara como lo hacían ellos, tartamudeaba, emitía pensamientos truncados, confundía unas palabras por otras. Después volteaba y descubría en los rostros de mis compañeros una mirada perpleja, pero nunca persuadida. ¿Y cómo habrían de estarlo? Mi arenga carecía de coherencia y mis conclusiones no convencían a nadie, comenzando conmigo mismo. Por fortuna, nunca faltaba la intervención providencial del profesor en turno para esclarecer el tema y sacarme de mi enredo. Mi inseguridad era tal que incluso las alusiones distantes y dirigidas a otros me resultaban humillantes y agraviosas. Una vez escuché a alguien decir que ciertos estudiantes deberían de pensarlo dos veces antes de cursar estudios de posgrado en literatura. Y yo, naturalmente, interpretaba comentarios como este como un sutil ataque en mi contra.

Si bien mi lenguaje hablado dejaba mucho que desear, el diálogo que eventualmente entablaría con los libros sería muy distinto. Al principio, mi incapacidad para distinguir entre ficción y realidad había nublado mi juicio y me había dejado con una sensación de escepticismo y ninguneo después de leer los dos primeros cuentos de Borges anteriormente referidos. Mas, conforme fui adentrándome en su obra, comencé a descubrir cosas, detalles que no había alcanzado a percibir en mi primera y apresurada lectura. Releí el cuento sobre Billy the Kid y descubrí que, si bien el "mejicano" no encontraba simpatía en el corazón del matón, éste se rendía ante el rasgueo de sus guitarras y el canto de sus sirenas. También me di cuenta de que, herido de muerte, el intrépido vaquero no agonizaba de manera estoica ni emitía sentencias valerosas, sino que, irónicamente, moría mentando madres, como buen mexicano.

Gradualmente Borges se fue convirtiendo en mi escritor de cabecera. Venía yo de cursar estudios en filosofía, es decir, de un ámbito exclusivamente anglosajón donde el dictamen de Billy the Kid respecto a los mexicanos se extendía a todo el mundo hispano, pues ahí no figuraban ni el idioma español ni el pensamiento hispanoamericano. Venía también confuso. Había concluido exitosamente mis estudios de filosofía sin tener más que una noción vaga de sus principios. La idea central de algunos tratados filosóficos, que trabajosamente había estudiado en gruesos volúmenes, ahora la encontraba expuesta en Borges de manera clara y concisa. En unas cuantas líneas, Borges podía explicar, por ejemplo, los elaborados argumentos de un Leibniz o de un Spinoza. En otras ocasiones, y con un finísimo humor, Borges dejaba entrever la falacia de otros sistemas que a su parecer eran muchos más inverosímiles.

Mi lectura de Borges se convirtió en un semillero de alegres ironías: aclaró lo oscuro, me liberó de los laberintos de la filosofía para recluirme en los de la imaginación, vituperó al mexicano y luego lo exaltó.

Quizá haya sido esta peculiar lectura lo que hizo de Borges uno de mis autores predilectos en mi incursión en la literatura latinoamericana. Conforme más me familiarizaba con su obra, más revindicado me sentía. La afinidad que Borges expresaba por México comenzó a conferirle a mí país una idea mítica que yo ignoraba. Leí, por ejemplo, que los nopales aterran el desierto, que el sabor de la chía puede ser inquietante, leí, casi en éxtasis, que en las oscuras manchas del jaguar se resguardan los misterios más íntimos de la creación, leí que

México tenía una ilustre pléyade de escritores (desconocidos para mí entonces) y que Borges consideraba a uno de ellos el mejor prosista en la historia del español y, ya en un estado de euforia, leí que Borges se sentía oriundo de un tétrico pueblo ficticio que la geografía de ultratumba ubicaba a unas horas de mi ciudad natal. Mi enajenación fue tal que incluso la mera mención de la Calle México, en Buenos Aires, donde el monstruoso Libro de Arena reposa al acecho, me produjo escalofrío y orgullo a la vez.

Por fortuna esta etapa de flagrante chovinismo pronto quedó atrás, como atrás había quedado también el ninguneo al que el autor argentino me había sometido. Y así, entre la indignación y el pasmo, descubrí en Borges el más feliz acontecimiento de mi vida como lector, y me di cuenta de que nunca me había atrevido a soñar tanto, y nunca antes había sentido el imperio de los sueños tan cercano, nunca tan mío. Extraviado entre fantásticos laberintos urdidos en mi propia lengua, experimenté la plenitud y la nada. Borges me regaló el español y, en él, el infinito. ⌗

Un vacío en el estómago

Una mañana reciente, mientras preparaba el desayuno, escuché la siguiente noticia en la radio pública: la Biblioteca Británica adquiere el ejemplar más antiguo del Evangelio según San Juan. El reportaje hablaba de su antigüedad, de su historia, de su linaje: el tomo, una verdadera joya de la manualidad y dedicación monástica británica, data del siglo VII, sobrevivió a la álgida furia vikinga y a la invasión normanda para luego pasar a manos de un coleccionista privado. Después, este singular libro, que había sido exhumado del ataúd de un tal San Cuthbert —hombre religioso del medievo inglés cuyo milagroso obrar el tiempo ha decidido dejar en el sepulcro—, terminó refugiándose en una comunidad de jesuitas belgas.

Mas la trayectoria épica de este libro es la parte mínima de su misterio.

Mi teléfono inteligente —que es donde escucho las noticias— almacena obras mucho más antiguas y valiosas. Obras que por siglos dejaron huecos en el panorama intelectual de Occidente. Obras que siglos después aparecieron de nuevo y ocuparon su sitio justo en las elevadas estanterías escolásticas: al tacto de mi índice derecho las obras completas de Aristóteles se materializan en mi pantalla. A esto debo añadir que, por estos libros —así como por mi nutrida biblioteca digital cuya extensión es la palma de mi mano—, no he pagado ni un solo centavo. Lo cual me resulta paradójico e intrigante. En plena crisis económica, siguiendo la desaparición de librerías como Border's y Barnes and Noble y el tan temido ocaso del libro impreso, mi biblioteca virtual sigue creciendo exponencialmente. Aparte de la gran cantidad de archivos a mi disposición, tanto en la página del

Proyecto Gutenberg así como en la aplicación de mi teléfono, todas las noches, a las 8:30, un puntual correo electrónico me invita a descargar un nuevo título gratis.

Los archivos que recibo son todos del dominio público, es decir, libros que han sobrevivido al tiempo, libros que quizá nunca se hayan desplegado en los estantes de las ahora difuntas librerías estadounidenses anteriormente aludidas. Descargo el libro de esta noche y me siento sumamente contento, pues a mis anaqueles hoy se ha sumado la ilustre presencia de Plutarco. Mas luego, al abrir la aplicación de lectura, esa momentánea felicidad se esfuma o, más bien, esa sensación se transforma: los pasillos virtuales de mi aparato me producen pavor y mareo, un pesado estupor que me deja casi sin aliento. Con un movimiento ágil y monótono deslizo mi índice derecho sobre mi teléfono y a través de la pantalla vislumbro apenas el nombre de un autor, un título: obras concebidas para digerirse lentamente y meditarse en calma aparecen y desaparecen en una fracción de segundo (*Crimen y castigo* acaba de pasar, y me parece que ese que iba ahí, arrastrado por la inexorable corriente de este virtual río, era Heráclito, fiel a su doctrina).

Son tantos los títulos y de tan distinguida autoría que siento que apagar mi teléfono en ese instante equivaldría a una blasfemia. Así que elijo uno al azar, leo un par de páginas y luego lo abandono.

El triste espectáculo que acabo de presenciar y en el cual he participado ilustra, de alguna manera, el lamentable estado de mi formación intelectual: un collage de lecturas fragmentarias y azarosas, una educación parchada. Y es solo ahora que redacto estas líneas que me cuestiono, ¿para qué acumular tanto libro electrónico?

Creo que para compensar.

Crecí en una casa sin libros. O más bien, una casa donde solo había dos libros. El primero era un enorme atlas mundial que desde chico me hizo entender que en el mundo había lugares remotos y misteriosos a los que nunca podría viajar. El otro era la Biblia. Era este un libro grueso y pesado, de páginas repletas de palabras místicas.

En su interior se desataba la furia del innombrable Dios, se revelaba su gloria, el mar se partía en dos, el bienaventurado se levantaba y andaba y el implacable látigo romano se ensañaba contra la espalda del hijo de Dios...

Era un libro ante el cual había que tener miedo y respeto. Una vez, en misa, escuché que, a fin de pisar terreno sagrado, al profeta Moisés se le exigía mostrar su humildad quitándose las sandalias. El Dios que había llegado hasta nuestra casa ya no estaba replegado en las montañas. Gracias al tiempo, que todo lo degrada, de aquel quisquilloso Dios quedaban solo las leyendas, una antología de fantásticas e iracundas fábulas reunidas en ese grueso volumen color café que ahora yacía, domesticado y manso, al lado del televisor. Y nuestro mayor orgullo familiar era exhibirlo, como una fiera enjaulada, detrás de esa iluminada vitrina. Mantener nuestra distancia de aquel libro era un acuerdo tácito tan antiguo entre nosotros como el mismísimo tabernáculo en cuestión. Un acuerdo que solo mi abuela —irreverente e industriosa— quebrantaba al abrir la portezuela del librero una vez a la semana para sacudir el polvo acumulado sobre aquel fabuloso libro.

Para Umberto Eco, el libro impreso ha sido de tal importancia para la humanidad, que su utilidad la equipara con el uso de la cuchara. No obstante, la humanidad entera que ha brotado desde mi casa ha sabido sobrevivir y proliferarse bastante bien sin necesidad de libro alguno. Aunque eso sí, todos hemos sido diestros cuchareros: mi abuela es maestra en el uso de la pozolera; mi tío Manuel que, por motivos que no entiendo, nunca pasó de peón, tiene un excelente dominio de la albañilera; yo me jacto de mi manejo de la sopera; y de mi tía Toña se dice que en todo mete la cuchara, aunque en mis recuerdos de infancia yo nunca la vi metiéndola entre las páginas de la Biblia.

Esa Biblia, me dicen, fue un regalo a mi abuela. Me dicen también que, después de casi cuatro décadas, todavía sigue ahí, y que una nueva generación de chiquilines desfila frente a ella, atraídos por un raro magnetismo. Pero que nadie, excepto mi abuela, la toca.

Apago mi teléfono y me doy cuenta de lo mucho que me parezco a mi abuela: común a ambos es una actitud reverencial ante ciertos libros (su Biblia, mi biblioteca digital). Claro, siempre y cuando no exijan demasiado tiempo ni esfuerzo: la rápida y puntual sacudida del plumero, el ágil y monótono deslizar del índice derecho. Pero, sobre todo —muestra irrefutable de genuina devoción—, se encuentra el hecho de que por nuestros artículos de fe no hemos pagado un solo centavo. Y es por eso que, al escuchar la noticia sobre el libro del Evangelio según San Juan, la astronómica suma (aproximadamente 14 millones de dólares) que la Biblioteca Británica decidió pagar por él, me resultó un gran misterio. Mayor incluso que el de su épica trayectoria.

* * *

Febronio Zatarain me cuenta entusiasmado su presencia en la Feria Internacional del Libro de Guadalajara. Oriundo de la Perla Tapatía, acudir como autor invitado al mayor evento de la lengua hispana completó un ciclo: el regreso culto del migrante que alguna vez partiera hacia Estados Unidos. En otra ocasión, muchos años antes, cuando descubrí al grupo de escritores hispanos de Chicago, Raúl Dorantes me preguntó que de dónde era. Al responderle que de Guadalajara, su rostro se iluminó y luego dijo: Juan José Arreola, Juan Rulfo. Como en ese entonces apenas me iba yo iniciando en los misterios de la lectura, los nombres de esos grandes íconos jaliscienses me resultaban todavía desconocidos. Ahora, casi quince años después, he aprendido que a esa lista se pueden añadir otros nombres igualmente ilustres: Enrique González Martínez, Agustín Yáñez, Mariano Azuela, José Luis Martínez.

Pensar en Guadalajara como capital literaria de la lengua hispana y cuna de emblemáticos autores mexicanos es una idea a la cual no termino de acostumbrarme. Primero, porque antes de mi partida a los Estados Unidos, mi mundo y el de la FIL representaban los dos polos opuestos de mi ciudad natal. Y, segundo, porque, al internarme en el universo concebido por los autores jaliscienses, mi paso sigue siendo vacilante.

Al principio de la década de 1990, en los primeros años de la FIL, no existía espacio público que mejor exhibiera la disparidad educativa de la sociedad tapatía. Por un lado estaba la clase educada: estudiantes universitarios y literatos locales recorrían con entusiasmo anticipado los pasillos de lo que llegaría a convertirse en el destino turístico predilecto del mundo intelectual de habla hispana. Por otro lado, estaban aquellos que acudían a los conciertos gratuitos y atiborraban la explanada de la Expo, sede de la FIL. Eran éstos los menos favorecidos, jóvenes que no estudiaban, muchos de ellos desempleados. Precursores de los llamados "Ninis", lo que ocurría dentro de la Expo les tenía sin cuidado. A diferencia del marco de civilidad en el que transcurrían los eventos al interior de la FIL, el mensaje de esos conciertos gratis a las afueras del recinto era recibido entre empujones y patadas, puñetazos y sudor. Ambos espacios reflejaban con fidelidad la procedencia de sus respectivas audiencias: dentro de la FIL, la elocuencia y el aplauso; fuera, el caos y la cacofonía.

Así, el vínculo inherente con los libros que en la actualidad se le adjudica a Guadalajara no deja de resultarme paradójico. Después de todo, los casi veinte años que viví ahí me enseñaron que, más que la norma, la posesión de libros era una anomalía. A falta de los mismos, el material de lectura disponible en mis entornos consistía de ocasionales ejemplares de cómics que caían en mis manos. Títulos como *El Libro Vaquero*, *El Libro Policiaco*, *Samurai* y *Kalimán* fueron para mí una suerte de seudo-literatura que me reveló de igual manera el espíritu americano en su capacidad aventurera y justiciera, así como el misticismo del medio oriente y el código de honor nipón. Mundos fantásticos y remotos, estos fueron los cimientos sobre los cuales se erigió mi educación sentimental.

Es casi seguro que cualquier persona que viaje a Guadalajara con el expreso fin de acudir a la FIL se lleve una impresión favorable de la ciudad: el agradable clima, la arquitectura colonial, la exquisita cocina, la imponente escala del evento en cuestión, el accesible precio de los libros. Guadalajara es una ciudad culta, se dirá. Una ciudad generosa cuya reconocida feria fomenta, reconoce y premia la creación literaria, incluso cuando ésta sea producto del plagio. Sobre todo si se entera que la Perla Tapatía es también la sede de la Cátedra Julio Cortázar, foro por el cual desfilan las personalidades más destacadas del mundo intelectual de lengua hispana.

No obstante, el rostro culto de la capital jalisciense se oscurece al considerar una cifra vergonzosa: el 45 por ciento de la población adulta del estado entero no ha concluido estudios básicos, es decir, de primaria.

A pesar de todo su glamour intelectual, Guadalajara sigue siendo una viejecita provinciana para quien los libros no son más que curiosos artículos ornamentales.

* * *

Al igual que la gran mayoría de inmigrantes mexicanos, el nivel educativo que yo poseía al llegar a los Estados Unidos era mínimo. Truncada a los trece años de edad, mi educación formal no era más que un grato recuerdo de infancia: interminables horas en aulas en las que, más que el estudio, importaba la convivencia, el misterio de la amistad, las transgresiones que probaban lealtades y se convertían en complicidad. Durante mis años de educación básica no hubo, que yo recuerde, un solo momento revelador que me permitiera vislumbrar un futuro promisorio. Mi educación fue más bien un rito de paso, un periodo de alfabetización obligatoria cuyo fin era hacer de la infancia mexicana una diligente fuerza laboral con un mínimo de preparación. Éramos, tal y como lo exigía una economía capitalista y un mundo que comenzaba a globalizarse, un pequeño ejército de obreros en ciernes, preparado y resignado desde siempre para aceptar tanto el desplazamiento económico como el desarraigo familiar, cultural y afectivo. Era un periodo que todos los niños de mi entorno debíamos cumplir a cabalidad. Para algunos, dicha etapa concluía al terminar la primaria. Los más afortunados, como yo, ingresaríamos a la secundaria, extensión ilusoria de la edad mágica de la primaria, pues casi siempre la dejábamos inconclusa. Era de esperarse que, apenas cumplida la edad laboral, nos uniéramos con nuestros ex compañeros en las filas de la clase obrera.

Las posibilidades de ingreso a la educación media superior y superior siendo prácticamente nulas, pocas eran también las maneras de escapar el destino que nuestra situación socioeconómica nos había deparado de antemano. Una de ellas, que es la que aquí nos ocupa, era la migración.

* * *

Mi primer contacto como adulto con los libros no fue premeditado sino accidental. Una mañana de primavera, durante un ocioso intervalo de desempleo de mis primeros meses en Chicago, por curiosidad entré a la biblioteca pública del suburbio donde vivía. Dentro del recinto, un gran letrero apuntaba hacia el sótano de las instalaciones y decía: "Libros En Español". Entre otros títulos, esa biblioteca contaba con obras de Gabriel García Márquez, Carlos Fuentes, Julio Cortázar, Rosario Castellanos, Elena Poniatowska, Octavio Paz y Gabriela Mistral que yo muchos años después leería. Pero en ese momento, ignorante de todos esos ilustres nombres, lo que me llamó la atención fue un pequeño tomo color celeste con letras doradas. Y, al tomarlo en mis manos, su lustrosa portada y la sencillez de su título me sedujeron de inmediato: *Azul...*

A pesar de que mi vida como lector no iniciaría sino hasta muchos años después, debo a ese momento y a ese mágico título de Rubén Darío el origen de mi curiosidad por la lectura. Ese fin de semana, en un cuarto de sótano que olía a moho y donde la música de banda no dejaba de retumbar en la habitación contigua, traté, sin mucho éxito, de comprender en detalle el hilo de aquellas historias fantásticas, la naturaleza de esas criaturas exóticas, de esos lejanos mundos que no tenían nada en común con el mío. Aunque el idioma era ciertamente el español, la prosa de Darío estaba redactada como en clave. Eran oraciones herméticas y misteriosas orquestadas de tal manera que hacían de esa lectura un ejercicio arduo, mas sumamente intrigante. Juntos, la intrincada sintaxis y el confuso vocabulario conformaban una narrativa casi incomprensible, un reto que exigía una dicción clara y precisa.

Como en ese entonces la literatura para mí no poseía valor intrínseco alguno, el asunto todo me resultó un divertido juego. Un elegante juego verbal al cual me entregué de lleno y ante el cual me encontré trastabillando repetidas veces en cada oración. Los textos de Darío eran historias de un aliento elevadísimo, historias hilvanadas por una mente aristocrática: nada más ajeno a mi plebeya condición de mojado.

Sin planearlo, me había colado en un mundo vastamente distinto al mío, e imaginarme que esas palabras que se habían concebido para enunciarse con una voz dorada y culta se vieran de repente distorsionadas y salieran dando tumbos de la mía me causaba risa y me llenaba de una satisfacción perversa.

A esa primera incursión en la literatura y a las imágenes que logré rescatar por medio de mi precaria lectura debo mi eventual amor por los libros. El bardo nicaragüense fijó en mi mente imágenes que me persiguieron por años: un cabrío desenfrenado y lascivo aterrorizaba la intimidad de los bosques, una ninfa juguetona y coqueta se escabullía desnuda entre elegantes jardines llenos de suntuosas fuentes y columnas griegas, la insufrible y excesiva opulencia de un cultísimo rey burgués, cuya injusticia me haría suspirar y emitir un desalentado "¡Chale!", con el cual expresaba mi desaprobación y agotaba los límites de mi elocuencia.

Después, muchos años después, me familiarizaría con la tragedia griega, el individualismo estadounidense, el refinamiento francés, la profundidad filosófica de los alemanes, los dilemas morales planteados por los rusos, la obra de los latinoamericanos.

* * *

No deja de resultarme irónico que el país que me obligó a vivir en el clandestinaje sea el mismo que eventualmente me abriera las puertas de la imaginación. En buena medida, la mía ha sido una vida de extremos: el subterráneo mundo de la supervivencia y el luminoso universo del extravío.

Y, como la vida imaginada es siempre superior a la vida vivida, mi deuda con los Estados Unidos es inmensa. Le debo, primero, más de media vida hurgando en las sombras: el tanteo en el limbo y el alivio del anonimato; luego, algunos momentos de singular arrebato: momentos de descubrimiento y entrega.

Pero afirmar que siempre ha sido así sería inexacto. Como todo indocumentado, mi único objetivo al venir a los Estados Unidos era alcanzar el llamado "sueño americano". Mas, como nuestros planes son poca cosa ante el destino, dicho sueño nunca se materializó. Y, eventualmente, esa ambición se vio desplazada. O, más bien, reemplazada. Con el tiempo me daría cuenta que, como en el cuento de *Las mil y una noches,* la fortuna que buscaba estaba más cerca de lo que yo creía. Eso me lo reveló mi tarde ingreso a la educación superior. Había pasado ya casi diez años en los Estados Unidos, y tanto la penosa mas inevitable brecha que la educación abre entre una persona proveniente de la clase obrera y sus congéneres, así como la subsecuente soledad a la que nos orilla, confabularon para que comenzara a convertirme en un ávido lector.

Comencé a indagar en los libros y leí de todo: novela, cuento, poesía, historia, ciencia, revistas culturales. Las horas tempranas y silenciosas de las mañanas eran especialmente favorables para esta actividad, sobre todo en lo relacionado a mis asignaturas. Pero en nada se comparaban con los fines de semana en los que, con el libro de mi elección, me entregaba con devoción monástica al misterio de la lectura. Así fue que me enteré, por ejemplo, de que las opiniones cuentan, y que son un derecho natural del hombre, y que ha habido aquellos que se han tomado esto muy a pecho, pero que de poco les ha servido, pues de nada sirven los derechos —naturales o artificiales— si uno no puede mantenerse vivo para ejercerlos, y además siempre habrá quienes vean en ese peculiar heroísmo ocasión para mofarse de uno, pero que a final de cuentas ni el uno ni el otro importan porque ambos no son más que diminutos engranajes de una misteriosa e inmensa maquinaria que a todos acecha y todo lo devora, y me enteré, además, que en el mundo había personas que desde temprana edad habían consagrado sus vidas a este profundo placer en el que yo ahora tenía el lujo de perderme por unas cuantas horas, y que había otros que les reclamaban dicha indulgencia pues opinaban que la vida debe ser actividad y experiencia en lugar de sedentarismo y teoría, y luego yo pensaba en el debate y tomaba partido con el primer bando, pues mi vida hasta entonces no había sido sino trabajo físico, es decir, actividad y experiencia, pero luego pasaba al otro bando, ya que sumirme holgadamente por horas en un solo sitio y perderme entre las páginas de un libro era para mí algo inusitado y que yo ahora valoraba profundamente, y me entristecía pensar que durante casi treinta años de mi vida me había privado de esa gran dicha, y sentía intensas pulsaciones en la frente y la cabeza me comenzaba a dar vueltas como una furiosa vorágine, y me decía que nada de eso podía ser cierto, ni ese intelectual debate ni las historias que en otros libros leía, pues si todo eso fuera cierto entonces el mundo sería muy distinto al que yo conocía, y luego cerraba el libro en cuestión y levantaba los ojos y veía que todas las personas en mi alrededor (en Border's, en Barnes and Noble, en el café donde me encontrara) seguían sus quehaceres y obligaciones y todos se veían muy tranquilos y lo que acontecía adentro de los libros no le interesaba ni afectaba a nadie, y se me ocurría que ese era un mundo de locos y holgazanes, y me quedaba como ido por algunos minutos, y luego abría otra vez el libro y saltaba de nuevo al abismo.

* * *

Posteriormente hice de la adquisición de libros mi pasatiempo favorito. Dediqué horas y horas examinando los estantes de las librerías más populares de Chicago, en ventas de garaje, en tiendas de segunda, en ferias del libro, pero sobre todo en las librerías de viejo. Pocas aventuras más excitantes que una expedición al caos de esos estrechos pasillos donde uno podía de igual manera pisotear vilmente obras sublimes como *Las confesiones* de Rousseau o correr el riesgo de ser aplastado por una enorme y tambaleante torre de pesados recetarios. Entre los libros que ahí encontré figuran: una copia de a mediados del siglo xix de la *Metamorfosis,* de Ovidio, editada exclusivamente para señoritas gringas, las obras completas de Rudyard Kipling, varios volúmenes de Thomas Carlyle y la poesía completa de Friedrich Schiller en una linda edición ilustrada. En otra ocasión me topé con la colección completa de *The Decline and Fall of the Roman Empire*, en una edición antiquísima que al principio yo creía que era la primera para luego darme cuenta que esos doce tomos no habían visto la luz sino hasta más de un siglo después de su primera publicación. De cualquier manera, por los doce tomos no pagué más de cinco dólares, y regresé a casa sudando como en un éxtasis, con una pesada bolsa en cada mano y mi mochila repleta de intrigas, de traiciones y asesinatos, historias fantásticas en las que me extraviaría por algún tiempo y que luego abandonaría sin pretexto alguno.

El hallazgo de esa obra representó el ápice de mi búsqueda. Ahora, cada vez que tengo visita, me aseguro de siempre hacerlos desfilar ante mi librero: cual si fuese la punta de un monumental obelisco, estiro exageradamente mi brazo derecho y con el índice señalo la excelsa obra que reposa en el anaquel superior.

* * *

Para compensar, también, muchos años después, una vez casado y con mi hija en camino me propuse que, al nacer, ella no padecería la carencia de libros que en buena parte había definido mi vida: la lectura sería parte fundamental de su formación. En los meses que precedieron a su nacimiento, por las noches me acostaba al lado de mi esposa y le leía al vientre en voz alta. Exageraba la pronunciación de cada sílaba, pues recordaba que, durante mis primeros años como lector, mi mala dicción me había resultado algo sumamente vergonzoso. Una vez nacida mi hija, mi entusiasmo por fomentar en ella el amor que ahora yo sentía por los libros me llevó a tomar medidas un tanto excesivas. Entre las fotos de su nacimiento, existe una en la que, todavía en la sala de cuidados neonatales, mi hijita dormita sobre mi pecho escuchando apaciblemente a su padre leer una novela francesa: la cursilería no conoce límites.

No pasó mucho tiempo antes de que mi esposa comenzará a darme lecciones que hasta hoy día, casi dos años después, sigo aprendiendo. Poco a poco el cuarto de mi hija se fue poblando de libros coloridos, llenos de vida, habitados por otros bebés y animales y plantas. Libros cuyo fin era identificar y relatar cada momento del día de una manera divertida y estructurada. Como material de lectura para mi hija, yo tenía planeado conseguir textos clásicos en adaptación infantil. Las fábulas de Esopo, por ejemplo, figuraban entre los primeros títulos de mi lista. Pero pronto mi esposa mostró ser una persona mucho más sensata y de elección más atinada. En sus primeros meses de vida, mi hija ya contaba con libros en los que aprendía las rutinas habituales del día. Tenía libros para la hora de levantarse, de desayunar, de salir a dar un paseo, de bañarse, de dormir: no había momento del día que no pudiera relacionarse con algún tomo de lo que comenzaba a tomar la forma de una pequeña colección. El dictamen de Mallarmé que todo acaba en un libro, venía bien al caso.

La afición que mi hija mostró por los libros desde temprana edad me conmovió y humilló al mismo tiempo. Yo, que me había vuelto lector solo en mi edad adulta, tuve la fortuna de presenciar cómo mi hija —hasta cierto punto una extensión mía— fue desarrollando una tierna avidez por sus libros. Al principio, cuando comenzó a tener conciencia clara de sus entornos, me entretenía colocando diversos objetos a su alrededor, y me enorgullecía verla ubicar con la vista alguno de sus libros cuando le preguntaba dónde se encontraba éste. Meses después, cuando estaba aprendiendo a caminar, comencé a colocar uno de sus libros sobre una superficie a su alcance. Verla tomar sus primeros y tambaleantes pasos hacia el libro en cuestión desataba en mi mente salvajes fantasías, pues la veía encaminándose hacia un futuro en el cual los libros ocuparían un lugar central. Luego, cuando apenas comenzaba a balbucear, me llenó de orgullo escucharla emitir el monosílabo inglés "boo[k]" que aprendió de mi esposa mucho antes de aprender a decir "pa".

En otra ocasión, mientras se entretenía con sus juguetes, la observé encontrar entre ellos un pequeño libro, tomarlo entre sus manitas y comenzar a hojearlo. Y, después de un momento de duda, la vi darle vuelta al libro entero: el mundo estaba de cabeza y ella le estaba devolviendo su orden. Esa maniobra me hizo recordar con agrado cierto pasaje de Immanuel Kant en el cual afirma algo así como que la mente humana tiene cierta inclinación a imponer orden en el caos del universo.

Algo que mi hija había comenzado a hacer recientemente, y lo cual me tenía sumamente aterrado, era el hábito de caminar con algún juguete en mano. Cómo, me preguntaba, iba a evitar golpearse el rostro si de repente se tropezaba o perdía el equilibrio. Esto me llenaba de ansiedad, y cada vez que se paraba y tomaba algún objeto, me apresuraba a ir tras ella, hasta que me di cuenta que mi temor podía inhibir su desarrollo motriz. Creo que ella no advirtió nada de esto, pues nunca se detuvo, y sí llegó a caerse algunas veces, y en algunas ocasiones lloró y en otras simplemente se paró y recompuso su paso. Y yo no tendría porqué haber escrito nada de esto salvo que, en una de esas ocasiones, mientras yo estaba buscando algo en Internet, la vi pasar frente a mí, muy ufana ella, con un libro bajo el brazo.

Su colección fue aumentando exponencialmente y, conforme más móvil se volvía ella, más crecía el espacio que sus libros ocupaban. De pronto su cuarto, los niveles inferiores de su mesa de cambio y una canasta donde almacenaba tanto juguetes como libros ya no eran suficientes para contener lo que comenzaba a tomar la forma de una mini biblioteca. Sus libros comenzaron a desplazarse y a aparecer por otras partes de la casa: debajo del comedor, detrás del sofá, en los gabinetes de la cocina. Una vez, incluso, encontré uno de sus libros sepultado entre mis calcetines.

Para entonces los libros que yo tenía planeado leer algún día, aunque no sabía cuándo, y que ocupaban los dos primeros anaqueles del estante de la sala, ya habían sido relegados al sótano. Ahora, al sentarme en el sofá, lo que veía desde mi asiento ya no eran los textos sobre la Segunda Guerra Mundial, entre los cuales figuraban las extensas reflexiones de Winston S. Churchill y el (según me han dicho) magnífico *Auge y caída del Tercer Reich*, de William Shirer. Siendo estos libros para exhibirse más que para leerse, decidí tomar las cosas con filosofía y resignarme a los hechos. Después de todo, lo que yo estaba presenciando era parte natural del curso de las cosas, una nueva generación desplazando a la anterior. Era esta una afirmación de la vida misma que hacía al lado todo lo viejo y caduco. Preñada de posibilidades, llegaba con brío primaveral abriéndose paso entre los escombros y depositando sus planes sobre mis estantes con optimismo y gracia. Entre los personajes infantiles que derrocaron por igual a héroes y villanos del conflicto bélico se encuentran Elmo, Abby y Cookie Monster. A la benévola legión de Plaza Sésamo se sumaron otros tomos ilustrados y con textura en cuyas gruesas páginas mi hija podía ver y sentir por vez primera el pelaje de cachorros de oso así como pajaritos recién salidos de su cascarón. Además, también había un changuito musical y un juego de tacitas.

Me supe sobreponer a todo esto con frialdad y, como ya se habrá advertido, no sin cierto orgullo paternal. Mas ese estoicismo que yo había profesado solo semanas antes se vio puesto a prueba de nuevo al llegar la Navidad. Al levantarme por la mañana, el tercer anaquel, que es donde coloco los libros que estoy leyendo, se había convertido en la víctima más reciente de la ambiciosa gentrificación literaria de mi hija. Me resultó difícil contemplar ese infantil expansionismo navideño, pues los ahora indigentes eran libros que, al verlos, me traían fuertes emociones, como las obras completas de Octavio Paz, sobre todo el séptimo tomo, cuyas luminosas páginas sobre Rufino Tamayo son un verdadero milagro; una vieja colección de Rudyard Kipling que apenas había comenzado a hojear y donde encontré una historia de cierto soldado inglés que busca la redención con la ayuda de un brahmín, hombre espiritual y ascético que a final de cuentas termina indefenso y corrompido por los vicios de la civilización occidental; y *2666*, de Roberto Bolaño, colosal libro que sí había leído completito y con un detenimiento proporcional al pasmo que las historias ahí contenidas me habían causado: ninguno de esos libros se encontraba en su sitio habitual, pues ahora una colección de Winnie the Poo y sus amigos ocupaba su lugar.

Y así estaba, incrédulo y absorto, cuando vi a mi hijita correr hacia la estantería y ver con sus enormes y curiosos ojos oscuros esa caja, ese nuevo universo que estaba a punto de abrirse ante ella. Entonces recordé mis primeras lecturas como adulto, y sentí un inmenso gusto, pues mi hija ya había aprendido a reconocer y gozar ese abstracto placer que yo no había conocido sino hasta ya tarde. Y, en cuanto a mis libros desplazados, me consolé pensando que, con apenas poco más de un año de edad, mi hija tenía ya más libros de los que yo poseía a los treinta.

* * *

Después, bajo al sótano y encuentro los libros recientemente desplazados en la mesa de centro. Otra pila reposa sobre mi escritorio y, detrás de éste, los estantes que conforman mi modesta biblioteca. El polvo acumulado en la gran mayoría de mis libros es prueba de que sigo sin leerlos, sin siquiera tocarlos. Por encima del lomo de uno de esos tomos, se asoma, curioso, un pequeño trozo de papel. Lo examino y reconozco en él un recibo de compra, aunque la fecha, el monto e incluso la librería donde adquirí el texto que ahora sostengo entre mis manos, todo ya ha desaparecido. Es un tratado filosófico que compré durante mi primer año en la universidad, pensando que lo leería durante el receso de primavera. Desde entonces han pasado ya muchos años, he concluido mis estudios y me he mudado en innumerables ocasiones, sin volver a abrir el texto hasta hoy. Otro libro que queda sin leer.

Y entonces se repite: un vacío en el estómago, una aguda contrición que me asalta y aflige. Es la cruel paradoja de mi vida como lector: primero, me redimió y, luego, se quedó para someterme a una constante penitencia. No hay día que no lamente las décadas perdidas de mi vida, los años y años en los que me privé del éxtasis y el arrebato de esa abstracta aventura. La lectura ha sido, después de todo, el más feliz accidente de mi vida adulta. Habitante de un imperio de penumbras, la lectura ha sido para mí una luz y un escape. En unas tantas líneas he accedido a mundos de otra forma vedados a personas de mi extracción social. Pero me atravesé con los libros, y ahí cesaron mis desventajas y me hice acreedor a vastos privilegios. Privilegios entre los cuales se incluye la resignación filosófica ante los años perdidos, años que quizá no hayan sido, por parafrasear a Samuel Johnson, más que las flores primaverales que preludian los dulces frutos de otoño.

Mas, mientras espero los retoños de esa templada estación, a veces me sacude todavía una convulsión febril, una congoja que no logro atenuar sino devolviéndole el agravio al tiempo: quimérica vendetta que no obstante me sirve de consuelo. Mi ajuste de cuentas más reciente lo sufrieron los ciento cincuenta y tantos años depositados en este hermoso ejemplar de *Sartor Resartus*. Custodiado con afecto en sus vidas anteriores, en mis manos no ha conocido más que el flagelo y el filo de mi pluma. Leo las elucubraciones del profesor Teufelsdröckh y pronto la amarillenta página se llena de surcos sangrantes al paso de mi pluma. Es una gozosa maldad, este desquite, esta inocua violencia, esta sensación que raya en la impunidad. Una manera de arruinar la obra del tiempo. ⌗

US

A realm of shadows

Juan Rulfo, que en todo infunde un aire ultraterreno, es quien mejor nos ha definido. "Padre, nos mataron", declara el menos ilustre de los fantasmas en la mitología jalisciense. Nosotros, los que sí alcanzamos a cruzar el funesto umbral que "mató" al personaje rulfiano que de viva voz narra su propia muerte, compartimos su ambivalencia ontológica: aunque nos sabemos vivos, la narrativa transfronteriza nos da por muertos.

Como con todo desaparecido, sobre el migrante se especula más de lo que se sabe. Es por eso que Rulfo, con su habitual clarividencia, supo ubicarnos bien en un imperio de penumbras. En el imaginario mexicano el migrante es, en efecto, un fantasma. Y es que uno no atraviesa la frontera en vano. Hay en el cruce algo de muerte y renacimiento, de hartazgo y esperanza: una sobreabundancia de vitalidad contenida en busca de escape.

No es casualidad que la topografía fronteriza esté compuesta de ríos, montañas y desiertos: espacios bautismales y proféticos. Tradicionalmente más aptos para el rapto del anacoreta, bajo la pesada marcha del indocumentado, estos espacios se transforman y humanizan. Intrincadas rutas espirituales, los oscuros senderos que otrora guiaran a la iluminación, en esta absurda frontera nuestra desembocan en el clandestinaje. Son espacios que no favorecen ya a la meditación y al extravío metafísico: ahora exigen una mente alerta y un destino concreto. Y así, el coyote, que antes de coludirse con el crimen fue alto pontífice de la saga del mojado, supo elegir sabiamente la noche para oficiar sus ritos, para iniciar al migrante en los misterios de un mundo en el que, apenas entra, desaparece.

Tampoco resulta extraño que, a falta de testimonio personal, exista toda una idealización en torno al destino último de la población mexicana en los Estados Unidos. Entes de dominio público al fin y al cabo, hablar sobre fantasmas no exige más que el estado de ánimo adecuado: una buena charla de sobremesa, un sentido de aventura o cierta osadía intelectual.

Titubeos y susurros

Nadie, escribe Richard Rodriguez, ha podido igualar el insulto de aquel hombre que me dijo, a mi cara, que en México, su país, los escritores no tenían mi aspecto.

La indignación de Rodriguez hubiera sido menor si antes de su viaje hubiese estado al tanto del elitismo natural de la clase alta mexicana. Formado en una tradición literaria democrática que ha producido autores como Emerson, Thoreau, Whitman, London y Carver, entre tantos otros de extracción obrera, Rodriguez no esperaba encontrarse con un país donde, históricamente, el escritor ha ejercido su oficio, no a pesar de su posición económica y social, sino gracias a ella. Tremenda disyuntiva con la que se topó Rodriguez: la misma vocación y aspecto que en Bel Air le abrían las puertas, en el país de sus padres resultaron motivo suficiente para que se le viera con suspicacia y desdén.

Algo similar ocurre en el caso del migrante. Extraviado y enmudecido en la vasta noche estadounidense, su jornada ha sido imaginada y relatada por voces que se han apropiado de su historia.

Juan Villoro nos advierte sobre la trampa de concluir que solo quien respira el aliento de la fiera tiene derecho a describirla. Más engañoso que el tufo de la bestia percibido a la distancia es hablar desde sus entrañas sin haberse fogueado en ellas.

Esto último nos remite a una mítica tarde en Chicago a principios de siglo. Un grupo de autores latinoamericanos aterrizaron aquí urdiendo una narrativa panhispánica en un lenguaje tan genuinamente intestinal que no hubo quien los convenciera de que su discurso se trataba más bien de un elegante y frívolo solipsismo. Al contrario de von Humboldt, comisionado para relatar el réquiem de otra saga fantasmal, estos cronistas habían llegado a proclamar un inminente albor, a articular una narrativa atascada en el silencio, a ilustrarnos sobre las virtudes de la eñe y mostrarnos cómo venía preñada de porvenir.

La idea, leemos, era narrar la experiencia latinoamericana en "USA". Y el libro cumple su cometido: excelente guía para el vacacionista clasemediero, este pintoresco tomo es una ilustración fiel de las prerrogativas de aquellos para quienes las fronteras no existen.

Las crónicas del turismo intelectual son solo eso: la versión esterilizada de una historia que es, por naturaleza, inmunda. A un oriundo de esta región de opacidades, los relatos diáfanos de las voces autorizadas no le resultan más que titubeos y susurros. Sus disquisiciones son sagaces tentativas de expresar las exóticas vidas de quienes bien podrían ser sus empleados domésticos. Hay, en el discurso subterráneo que se hilvana desde una soleada oficina de Coyoacán o un rascacielos neoyorquino, mucho de artificial. Abundan en él la erudición, la precisión técnica, la imaginación desbordada, pero le falta lo esencial: el elemento clandestino, la fatiga, el bautismo en la cloaca, alguno que otro roce con heces ajenas.

Es el cruce clandestino lo que vuelve única la experiencia del migrante indocumentado. Esta jornada, antaño vista con desdén, es la que ahora los narradores en nuestros países de origen se empeñan en volver toda una saga. ¿Cómo puede la luz de su prosa iluminar este imperio de penumbras? Desde México, Augusto Monterroso se jactaba de la facilidad con que su humilde pasaporte guatemalteco le abría las puertas del mundo, es decir, de las naciones industrializadas. Ni la falsa modestia ni el exotismo nacional garantizan el tránsito libre por el llamado primer mundo. De hecho, declararse natural de una nación subdesarrollada —bien lo saben millones de guatemaltecos y mexicanos— es aceptar de antemano el rechazo de la anhelada visa que un aburrido funcionario sellará en tinta roja.

Existe, en este drama de la vida ilegal, un elemento puramente empírico ante el cual el narrador de oficio siempre habrá de medirse. Otear las profundidades desde la torre de marfil es un privilegio paradójico que solo puede producir imágenes someras e incompletas, propias de la ficción. Uno de los autores que llegó hasta Chicago a redimirnos, en otro de sus libros se queja de que su carrera como profesor universitario en los Estados Unidos no le alivia el estigma de sentirse mojado de primera.

En otras ocasiones nuestros autores, como los ángeles de aquel sublime versículo, optan por obstruirse la vista con sus propias alas. No hace mucho que Cristina Rivera Garza tuvo la gentileza de venir a Chicago a hablarnos de la literatura en español que se está escribiendo en los Estados Unidos. Habló sobre cómo, les guste o no a nuestros mayores en Latinoamérica, dicha producción adquiere cada vez mayor importancia. De los varios autores locales presentes en el público, Rivera Garza no notó a ninguno.

Por mejor intencionado que sea, el papel que el escritor de profesión desempeña en la narrativa del indocumentado no dejará de ser secundario. Tal es el caso, por ejemplo, de Carlos Fuentes. Gran embajador de México ante el mundo, Fuentes no fue indiferente al dilema del migrante. Algunas de sus páginas abordan temas centrales a nuestra situación: la vida en la frontera, el cruce, la vida laboral del migrante, la búsqueda de una identidad. Su vida itinerante le enseñó valiosas lecciones: conoció el desequilibrio emocional del desarraigo. Nació en Panamá, vivió en los Estados Unidos, en Chile, en México, en Francia, en Inglaterra. Espíritu cosmopolita, el privilegio de clase no le impidió aliarse a las causas sociales de los menos afortunados, entre ellas la que aquí nos ocupa.

No obstante, y como es de esperarse, sus relatos son estrictamente literarios, y gozan todos de improbables desenlaces que los acerca más al guión de telenovela que a la experiencia cotidiana del migrante. La migración ordenada, la lealtad de la sangre, los amores platónicos, el reconocimiento de la humanidad del otro, la vida en Pilsen, el barrio mexicano por excelencia de Chicago que Fuentes, como tantos otros escritores hispanos, se empeñan en declarar el ombligo cultural del universo sin siquiera conocerlo: son todos temas que maneja con la destreza de un mago y la ingenuidad de un turista literario. Su idea del migrante mexicano en este país fue puramente libresca y se diferencia apenas de sus generalizaciones sobre el pueblo estadounidense: una humanidad de más de 300 millones reducida a una serie de burdas y caricaturescas imágenes.

Oráculo on demand

El malentendido que se tiene acerca del migrante mexicano en los Estados Unidos es, hasta cierto punto, responsabilidad nuestra. Por mucho tiempo hemos delegado a nuestros padres literarios la interpretación de una realidad que solo a nosotros nos atañe. Desconfiamos de la experiencia propia cuando es la experiencia lo que cuenta. Las pocas veces que hemos aventurado una interpretación propia, lo hemos hecho en voz baja y tímida. El miedo a que la representación de nuestra realidad no satisfaga los estándares de la narrativa latinoamericana nos hace dudar de nosotros mismos. Nos ha faltado convicción, nos ha faltado humildad, esa rara tensión cuyos vástagos son por igual el éxito y el fracaso. Y así, cabizbajos y titubeando, acudimos a la infalible validación de nuestros mayores. En lugar de buscar el diálogo, hemos procurado la aprobación. La dimensión literaria de nuestro entorno ha dependido, en gran parte, de su visto bueno. ¿Pero qué pueden decirnos ellos, desde sus holgadas oficinas de San Ángel, acerca del dilema de los eloteros y los yonkeros y los busboys?

Uno de los problemas de buscar reconocimiento y aceptación es que incluso el más genuino de los esfuerzos corre el riesgo de ser subestimado. *...Y nos vinimos de mojados*, libro de crónicas inmigrantes de Chicago, es una obra de lectura bastante amena cuyo inicio sin embargo queda entorpecido por un enredo seudoteórico de Carlos Monsiváis. En la introducción a una reciente antología sobre la literatura en español del Medio Oeste, el presentador sugiere que nuestra producción literaria es en parte respuesta al escepticismo de Monsiváis respecto a si vale o no la pena escribir en español en los Estados Unidos. Una idea paternalista y desdeñosa por parte de Monsiváis: se comprende que ese planteamiento nunca se lo habría hecho a Antonio Zavala, a los hermanos Flores Magón, a José Martí, a Octavio Paz o a Carlos Fuentes. Thomas Mann hubiera considerado dicha declaración una señal de deterioro senil. Nosotros, en cambio, lo tomamos como afrenta personal y asumimos el reto con la esperanza de satisfacer las expectativas de nuestro venerable autor.

En fechas más recientes, en mayo de 2015, el Museo Nacional de Arte Mexicano de Chicago galardonó a dos autores mexicanos. Cosa curiosa esta de premiar a autores cuya experiencia es completamente ajena a la realidad de nuestra ciudad. Más curioso aún cuando uno se da cuenta de que el museo no cuenta siquiera con un sitio Internet que ofrezca información en el idioma de los premiados, es decir, el español. Lo que sí queda claro es que el corpus literario escrito en español *por* escritores locales sigue siendo ignorado, tanto por nuestras instituciones como por nuestros insignes autores.

Por otra parte, no es raro que la imagen del migrante se haya convertido en espectáculo. Tampoco es raro que, teniendo en cuenta el acceso y la cercanía de intelectuales y celebridades a los medios de comunicación, la representación del migrante mexicano haya adquirido una fuerte presencia en los medios masivos. Ni el hechizo de la palabra ni la actuación han sabido darnos una imagen fiel de la vida del migrante. Monsiváis, que entre los escritores mexicanos de la generación anterior fue quien más contacto tuvo con los escritores hispanos de Chicago, nunca desaprovechó la oportunidad de dejar en claro la ínfima importancia de nuestra naciente producción literaria. Una vez, con tono condescendiente y paternal, puso en ridículo a uno de nuestros autores que se equivocó con el uso de una preposición; en otra ocasión, dijo que venía a apoyar el aniversario de cierta revista cultural por el simple motivo que él creía en las causas perdidas; y, otra vez, durante una de sus tantas vacaciones pagadas, dijo, trivializando el tema y provocando la nerviosa y forzada risa de los presentes, que el problema del mexicano en los Estados Unidos no es la falta de identidad, sino de identificación.

Por su parte, los escritores más jóvenes, que no se cansan de pregonar que para ellos las fronteras ya no existen, no dejan de opinar sobre la vida de aquellos para quienes no hay nada más concreto que las fronteras. Ahora incluso los actores han descubierto, en la dramatización de la vida del indocumentado, una buena manera de costear los privilegios del *jet set*: durante la promoción de su documental, "¿Quién es Dayani Cristal?", que coincidió con el pase de Colombia a los cuartos de final en el Mundial de Brasil de 2014, Gael García Bernal anunció en su cuenta de Twitter que viajaría de inmediato a Medellín para celebrar con los colombianos.

La desinformación acerca de la realidad del migrante mexicano es tal que incluso Christopher Domínguez Michael, tan riguroso en sus análisis, no parece estar al tanto de la distinción entre chicanos e indocumentados. Y, cuando ha buscado voces más genuinas que puedan elucidar las dudas de sus lectores respecto al presente tema, *Letras Libres* ha acudido a Jorge Ramos, periodista para quien el drama del indocumentado se ha vuelto un espectáculo personal, o a Francisco Goldman, cuyo pasaporte estadounidense y afinidad por la derrota aparentemente lo hacen experto en el tema.

Sería inútil tratar de hacerles ver a nuestros exégetas que es difícil interpretar la vida a distancia, que el mexicano en los Estados Unidos ya no es el mismo que una vez abandonara su país, que es un ente en metamorfosis y que esta es una nueva realidad que exige sus propias voces. Sería inútil insistir que la población mexicana en los Estados Unidos está compenetrándose con la realidad en la que habita, que está aprendiendo a interpretar sus nuevos entornos y a dialogar consigo misma. Insistir en todo esto sería inútil porque la idea imperante es que el juicio de los oráculos tradicionales es infalible, y que su autoridad puede explicar, mejor que nuestra experiencia, este nuevo ámbito sociocultural, e incluso arrojar luz sobre un pre-determinado sendero espiritual que, si llegáramos a perder de vista, quedaríamos seguramente extraviados.

Pípilas troyanos

Cierta noche de abril mi esposa, que todavía sigue acostumbrándo-se a mis ocasionales fanfarronerías metafísicas, llegó apresurada hasta mí. Sus ojos, que de otra manera son de un azul claro y pro-fundo, estaban ahora desorbitados, friqueados e incrédulos. "¿Qué es eso?", la oí decir al quitarme los audífonos. Y entonces lo escuché: un coro de ultratumba cimbraba los vidrios de las ventanas. Corrí has-ta la sala y, asomándome por las persianas, descubrí un mar de gente enlutada desfilando frente a nuestra casa. Veladoras en mano, de esa multitud se elevaba una aterradora nota en unísono que quizá Brahms no hubiese censurado, pero que aquí no era más que la cruda gar-ganta del barrio clamando al infinito.

Era ese el México de mis bisabuelos, con el tabernáculo de la me-moria a cuestas. Leonardo Da Jandra ya lo había anticipado: somos una mera procesión de sombras, el remanente bárbaro de una ele-vada espiritualidad de antaño. Una espiritualidad cuya vindicación, asevera, recae ahora sobre nosotros, los migrantes, por más som-bras que seamos.

La peregrinación urbana de esa noche resume bien el estado es-piritual del migrante mexicano: la nuestra es una fe lúdica, una fe que oscila entre la desolación y el espectáculo. El profundo sentido espi-ritual que el profeta oaxaqueño nos adjudica no es más que un aspecto mínimo de la vida religiosa del migrante mexicano. Lejos estamos de la penitencia en rodillas, ardiente recuerdo de que a las deidades hay que ofrendarles sangre. El suplicio que aquí sufrimos es más pedestre y nuestros votos más humildes, aunque paradójicos: le exigimos al tribunal celeste que nuestro recorrido nocturno alrededor de la manzana sirva para encontrar la salida de la ilegalidad.

Al contrario de lo que Da Jandra piensa, la comunidad migrante mexicana es cada día menos católica, menos religiosa. En fechas recientes, la iglesia católica ha expresado consternación ante el masivo éxodo de devotos que, o pasan a ser parte de sectas evangélicas o abandonan la religión por completo. Nuestra secularización, por supuesto, no podrá evitar que la batalla de la fe, esa eterna encrucijada, siga librándose en el seno del individuo. Julio Rangel nos habla sobre la peculiar vida de un joven mexicano que, con una enorme cruz de madera a cuestas, recorre las calles del centro de Chicago. Un alma profundamente trastornada, afín a los místicos de antaño, diría William James, agudo observador de la psicología religiosa.

La identidad espiritual del migrante mexicano, aseveran nuestros padres intelectuales, es un aspecto inmutable de nuestra esencia. Se repite esto con tanta frecuencia que da la impresión de que, al atravesar la frontera no se irrumpe en un país concreto sino en el intangible mundo de las formas platónicas. Pero, como para el migrante lo más urgente es resolver su presente, las formas etéreas de Platón le tienen sin cuidado. Al cruzar la frontera, nuestra identidad se fractura y resquebraja. Los íconos que en nuestro país de origen alguna vez fueran reverenciales adquieren aquí un aire juguetón y despreocupado.

Desde su edén oaxaqueño, Da Jandra nos imagina como pípilas troyanos de la fe católica: matriarca redentora, la Virgen de Guadalupe monta a nuestras espaldas conforme avanzamos y penetramos la fortaleza del protestantismo anglosajón. Pero aquí el tránsito de la fe ha inventado rutas nuevas e imprevistas, y se desplaza del altar al accesorio: la imagen de la Virgen de Guadalupe desciende del Olimpo de Tepeyac y se le ve adornando las botas vaqueras de algunas jovencitas urbanas; en otras ocasiones, ya aculturada, aparece en pinturas altamente cotizadas luciendo como toda una profesionista estadounidense, conjunto oscuro y zapatos de tacón alto; otras veces, despojándose ya de todo pudor, posa desnuda y coqueta, con el manto verde como fondo: recuerdo único de su ascendencia celeste.

Si pudiera presenciarlo en persona, Da Jandra llegaría quizá a conclusiones un tanto similares. Podría, como nosotros, incursionar en un medio hostil, batirse entre la fe y las penumbras, conocer el desgarro de la frustración, vislumbrar la esperanza, y luego retraerse: convertirse, de cierto modo, en sombra. Pero para eso hay que ser, primero, mojado, luego, filósofo: respirar la experiencia más que teorizarla. Y cuando uno tiene la opción de esbozar sistemas y totalidades desde la comodidad del idilio, ¿qué necesidad hay de adoptar una vocación clandestina en climas árticos?

Invirtiendo la aguda observación de Tocqueville, podríamos decir que, al contrario de la población de ascendencia francesa en Canadá, la comunidad migrante mexicana en los Estados Unidos representa lo nuevo, la transformación y el devenir, y que el viejo México de Da Jandra y de Monsiváis y de Fuentes y de Poniatowska y de Domínguez Michael comienza a parecer algo tan antiguo como el fango de Tenochtitlán.

Los fantasmas de Rulfo

¿Y cuál es el rostro, cuáles los rasgos de este nuevo ser, de esta comunidad en evolución? Es muy pronto para saberlo. Lo que sí sabemos con certeza es que la gran mayoría somos hijos de la necesidad y el clandestinaje, del trabajo y la experimentación, del azar y la sospecha. Tanteamos entre las sombras: somos bastardos de una patria que nos parió pero que no supo qué hacer con nosotros; somos parias en una sociedad que se niega a reconocernos pero no atina a expulsarnos.

Y es mejor así. Adentrarse en la incertidumbre, comulgar con las penumbras, pactar con el rechazo, albergar las costumbres de ambas tradiciones y luego desecharlas como algo inservible, si es que así conviene. Imaginarse otros. Reinventarnos. Porque el futuro desde aquí puede ya verse, y en nada se asemeja a la sesuda ficción de nuestro insigne Vasconcelos, como tampoco obedece ya a la postura reaccionaria de Huntington. Es más bien un irreverente sincretismo, una jadeante cópula entre Tonantzin Guadalupe y John Wesley: visiones distintas del mundo engendrando ahora nuevos vástagos, historias singulares o en masa, pero todas con la cicatriz de una experiencia única.

A Carlos Gaytán a veces se le puede encontrar preparando desayunos para su congregación. Otras veces se le ve dándole mantenimiento a la iglesia. Una foto tomada durante la etapa de construcción lo muestra cavando un hoyo donde habría de erigirse la cruz que distingue a la pequeña iglesia de las otras casas similares de la misma cuadra. Hace un par de meses, mientras corría por el sendero paralelo al río cercano a mi casa, me lo encontré paseando en bicicleta con su hijo. Veinte años atrás, empleado como lavaplatos en diversos restaurantes de la ciudad, era todavía invisible. Ahora tiene su propio show televisivo en una de las mayores cadenas estadounidenses. En el mundo de la cultura culinaria de Chicago, el nombre de Carlos Gaytán es un referente. Es un chef cuyo concepto es, hasta cierto punto, caprichoso e improvisado:

> Yo no soy un chef que siga la tradición, lo típico. Soy un chef al que le gusta innovar. Me gusta desafiar las tradiciones. Incluso los mismos chefs de mucha tradición de México... algunos de ellos han venido aquí a "Mexique" a comer y a regañarme a la misma vez porque no estoy respetando la gastronomía mexicana, porque no estoy respetando la tradición. Mi intención es precisamente esa: no hacerla menos, sino enseñarles que hay una

revolución. En todo momento hay una revolución en todos los ámbitos. ¿Por qué no en nuestra gastronomía? En México van al revés: después de llegar a un punto muy elevado, ahora están retrocediendo. ¿Por qué? Porque muchos chefs mexicanos ahora se están enfocando en la comida prehispánica. Están regresando a los chapulines, los huevos de hormiga, los escamoles...Esas son cosas muy agradables. Pero mi pregunta es, ¿por qué retroceder y prepararlos de la misma manera que en la antigüedad? Los xoconostles y todo eso, ¿por qué no reinventarlo? Saben que se perdió la tradición y la quieren recuperar. ¿Pero por qué no modernizarla? Yo he tenido la oportunidad de probar los escamoles. Me los han preparado los grandes chefs de México. Y a mí lo que me llena de tristeza es que a final de cuentas lo que uno está probando son las salsas, lo picoso, el guacamole. Cualquier cosa que te ponen con los escamoles cubre el sabor de los mismos. La estrella de ese platillo deberían de ser los escamoles, pero en realidad uno no los prueba. Entonces, al reinventar la comida mexicana por qué hacerlo de la misma manera.

Décadas antes de que el *foraging,* o la búsqueda de ingredientes locales, catapultara a Rene Redzepi a la encomiable posición de mejor chef del planeta, la fortuna comenzaba ya a sonreírle a Carlos Gaytán, no por medio de una compleja idea del arte culinario, sino con el rostro de la necesidad:

Creo que la pobreza de México fue un factor determinante en mi formación como chef. A veces mi mamá no tenía dinero para ir al mercado y salíamos al campo. Encontrábamos perejil, tomatillos silvestres, muchos ingredientes que la gente ya no usa: mi mamá comenzaba a usarlos. De esa manera aprovechaba más la naturaleza. También cuando todo mundo cultivaba el cacahuate, nosotros íbamos y recogíamos las sobras. Mi mamá usaba todos esos ingredientes y su comida siempre era espectacular. Era increíble ver lo que podía hacer. Yo me siento muy afortunado de haber crecido en una familia con mucha necesidad. A través de mi madre aprendí que la necesidad no impone límites. La necesidad lo lleva a uno a ser creativo. Una crepa no me impone límites. Al contrario: me abre puertas. En el menú tengo las crepas con chorizo, pero a veces las relleno de barbacoa de borrego con mermelada de berenjena y chile de árbol. Lo enrollo, le pongo un poquito de queso feta y me lo como ahí: trabajando y comiendo. Es la imaginación lo que te hace ir más allá.

La imaginación, que puede prodigar sueños, puede también engendrar pesadillas. Es algo que el queretano radicado en Chicago, Alfonso Piloto Nieves Ruiz, —que antes de ser un valuado escultor se desempeñó como busboy y corredor y mesero— sabe bien. Sus esculturas emergen del inconsciente, rasgan las entrañas de la tierra y desde ahí se alzan, triunfantes, ante nuestra mirada atónita. Acudimos a un mundo surrealista donde el terror encarna en barro, en acero y en basura, arremolinándose en las manos del artista antes de yacer ante nosotros como un tétrico espectáculo dantesco. Presenciamos la agonía, el desgarro, el dolor infinito, el engaño del hombre contemporáneo. Presenciamos una vida autocomplaciente que, al cerrar los ojos, se da cuenta de que su aparente éxito no es más que una manera de ocupar espacio en el mundo y existir en el tiempo mientras espera el fin.

Pero el terror, como bien lo ilustra Roberto Bolaño, puede ser también una forma de la belleza. Piloto no llegó a Chicago con el sueño de esculpir pesadillas, sino impelido por la necesidad. La necesidad, que tanta tribulación y angustia genera en el migrante, sobre todo en el indocumentado. Y tanta humillación y abuso, ¿valen la pena? En su momento, una interrogante similar ha de haber inquietado a Piloto. Como el indocumentado, quien deposita su fe en su trabajo porque, si bien lo vulnera, también lo reivindica. Así Piloto se entrega a la creación de formas de ultratumba y con una sonrisa resume la sicología del indocumentado: "Dentro todo lo gacho, hay algo chido".

La población mexicana en Chicago es ya parte del tejido social de esta ciudad. El historiador Mauricio Tenorio nos dice que, de hecho, Chicago siempre ha sido una ciudad mexicana. Nunca ha sido esto tan evidente como ahora: el estadounidense reaccionario, obsesionado por frenar el avance de las hordas apocalípticas, nunca se dio cuenta de que la entrada triunfal del burrito troyano no sería por la frontera sur, sino por su intestino. Los miles de empleados que alimentan a esta ciudad son todos Gaytanes y Pilotos en potencia: todos tienen aspiraciones propias, todos poseen una tenacidad única lista para desbordarse en proyectos quizá todavía impensados pero cuyo germen pulsa ya con la esperanza de todo un mundo futuro.

En la actualidad, el mexicano en Chicago representa una transición: seguirá siendo músculo y sudor, pero ya ha comenzado a convertirse en su propio agente cultural. Cierto profesor estadounidense nota que, gracias a la presencia hispana, las urbes de su país se han ido "tropicalizando", lo cual revela más bien su afición por el folclorismo.

La verdadera transformación hay que buscarla más allá de los colores chillones. Es algo que emana de abrevaderos más profundos y oscuros, remotos e inmediatos: una pugna que se libra en la intimidad y que, cuando su turbador aliento se entiende solo a medias, se queda en el folclor, esa rentable industria de la melancolía tan fácil de explotar. Es este el origen de las falsas lealtades, del encasillamiento ideológico: el embrujo del símbolo vacuo que desfila ante nosotros, como una endeble y envejecida figura materna que implora nuestra atención, nuestra fidelidad.

No será la imagen caricaturesca la que nos defina, sino nuestra historia misma. No la historia que nuestros heraldos espirituales han profetizado, que no es más que un espejismo y un ejercicio intelectual, sino el relato genuino de nuestra trayectoria, nuestras historias individuales.

Alguna vez leí que el problema del inmigrante mexicano en los Estados Unidos es que carece de una narrativa coherente. No alcanzaba el perspicaz autor a entender que no es este asunto de disciplina contra caos, sino el fruto de una labor colectiva. Más sutil fue Octavio Paz, que, con suma humildad, supo reconocer que la problemática del inmigrante le pertenecía solo a éste, y que por ello mismo la suya era una narrativa del futuro.

A diferencia del autor mexicano o mexicoamericano de profesión, el caso del migrante es muy otro: es un remar a contracorriente, una constante fluctuación entre la pérdida y la novedad, entre un lenguaje y otro, entre una realidad concreta y una memoria que se evanesce. Inquietantes muy básicas y por lo tanto profundas como "¿Quién soy? ¿Por qué estoy aquí? ¿A dónde voy?" se apoderan de su mente, exigen respuesta, guían su búsqueda y le dan forma a su obra. Eso es lo que vemos, por ejemplo, en las respectivas obras de Raúl Dorantes y Febronio Zatarain, emblemáticos escritores de Chicago y autores de ...Y nos vinimos de mojados, libro de crónicas anteriormente mencionado.

Dorantes y Zatarain han explorado el mundo del migrante mexicano, a veces trabajando en conjunto, como lo es en el caso del título anterior, así como en algunas representaciones teatrales. Pero cada uno, por su parte, ha sabido indagar en la vida cotidiana de sus entornos a su propia manera y ha abordado su respectiva obra desde una vertiente particular. La obra de Dorantes es un constante andar en el mundo, un divagar en las calles del barrio, un sumergirse en las vidas que ahí pululan: es la voz que une experiencia y lenguaje y se convierte en una narrativa donde la vida del inmigrante adquiere formas poéticas y da giros fantásticos. Prolífico autor y dramaturgo, sus obras de teatro han generado gran interés en la ciudad, y se representan de igual manera en el barrio que en el distrito teatral de Chicago, incluyendo espacios tan prestigiosos como el Goodman Theater.

Si bien la obra de Dorantes es exterioridad y diálogo, la de Zatarain es colapso y monólogo. El espacio favorito de la obra de Zatarain es el imperio metafísico de la desolación y la angustia, del desamor y el desengaño. Zatarain hace del lector un partícipe de su meditación, de su tormento. Los performances de Zatarain son un lamento audible. Su obra está guiada por la nota musical, y está poblada de las amargas voces de la música tradicional mexicana, acechantes ecos que conmueven y acongojan al oyente. El amor, o la ausencia del mismo, es un tema constante en la obra de Zatarain, y en su narrativa alcanza un nivel filosófico a veces tan agudo, que incluso en uno de sus textos encontramos al estoico Jean-Paul Sartre, cabizbajo ante una rocola, trastornado por la aterradora voz de José Alfredo.

Quizá nadie ejemplifique mejor la metamorfosis de la comunidad mexicana en Chicago que Francisco Piña. Figura clave en el mundo cultural hispano de la ciudad, a lo largo de tres décadas Piña ha fundado varias publicaciones dedicadas a promover la literatura en español de Chicago, entre ellas las dos revistas que se pueden considerar de referencia en la actualidad, *contratiempo* y El BeiSMan.

La multifacética transformación de Piña está íntimamente ligada a la variedad de las responsabilidades culturales de las cuales se ha hecho cargo, que van desde la distribución de ejemplares hasta el diseño gráfico y la edición de video. Además de dedicarse de lleno a toda tarea que emprende, Piña le ha prestado atención particular a las artes plásticas. Con gran elocuencia y un ojo agudo ha descrito la obra de artistas locales como Marcos Raya, Alfonso Piloto Nieves Ruiz, Gabriel Villa y Alma Domínguez, entre otros. Asimismo, ha observado detenidamente sus entornos. En su labor como cronista ha recreado con una melancolía casi palpable la historia del Mercado Maxwell, icónico tianguis de Chicago.

En el recorrido por sus calles, Piña nos presenta el tianguis como un crisol donde la cultura que distingue a Chicago ha florecido: por estas arterias fluye sangre indígena, judía, italiana, checa, irlandesa, africana, incluso si ahora son el olor a carne asada y el eco del mandarín chino lo que impregna su ambiente, y el futuro mismo de la ciudad.

La crónica del tianguis de Piña es la contra-historia de los anales oficialistas de Chicago. Es confirmación y refutación del mito del *melting pot*, pues si de esta arremolinada cita semanal se ha nutrido el espíritu de la ciudad, a las nuevas generaciones se les recibe siempre con suspicacia, se les somete al desplazamiento forzado, se les gentrifica incluso de la calle misma, espacio natural del comercio, del intercambio y del enriquecimiento cultural.

Sin embargo, parece recordarnos Piña, este modesto tianguis, que ahora no es ni sombra del de antaño, sigue atrayendo visitantes, compradores, desocupados en busca de empleo, curiosos y hambrientos por igual. Y es que todo el que acude al tianguis favorece de antemano las ventajas que éste ofrece sobre el establecimiento. En lugar del ambiente depurado, corporativo y ordenado del mall, en el tianguis sobreviven todavía el elemento del caos y la posibilidad del encuentro y el diálogo con el otro: motores primarios de la cultura humana.

Más que nada, Piña ejemplifica la transformación de la que venimos hablando por medio de su ejemplo personal. A una edad ya madura, ha encontrado la entereza de confrontar al mundo con una verdad que había callado toda su vida: que es una persona transgénero. Su texto autobiográfico, que es donde pasa de ser Francisco a reconocerse como Franky, puede leerse como el combate de una vida hundida en la resignación y luego redimida por la integridad; puede también leerse como el testimonio colectivo de todo un sector de nuestra sociedad que nos hemos empeñado por ocultar, pero que ahora se nos presenta y nos confronta sin mayor afán que mostrarse tal cual es, en su propio ser. Y si bien esto no es suficiente para efectuar un cambio social, sí debía provocar un vuelco en nuestro interior: su mera presencia nos exige mirar nuestro reflejo y descubrir una sociedad oscurantista y retrógrada, regida todavía por prejuicios y valores primitivos.

Una narrativa de sombras

La vida cotidiana del migrante, se está descubriendo, es una enorme cantera. Es, de hecho, el abrevadero donde nuestros autores han visto su rostro descomponerse y reconfigurarse en las ondulantes aguas de la experiencia. Chicago se ha convertido en un laboratorio literario donde algunos temas que tradicionalmente han permeado la literatura mexicana (las extravagancias de la elite, el clasismo, la idealización de la clase obrera descrita desde elegantes despachos diplomáticos) nunca han tenido importancia alguna. Los temas favorecidos por nuestros autores tienden a estar directamente relacionados con la condición de ser un otro. A diferencia de la literatura mexicana, la cual tradicionalmente se ha planteado desde el núcleo de la sociedad, la nuestra es una historia narrada desde la periferia: es una narrativa de seres desplazados. Desde aquí se ha comenzado a hilvanar una triple y paradójica realidad: somos músculo, sustento y sombra.

Es por eso que en la obra de nuestros autores nos encontramos ante situaciones de seres sudorosos y afantasmados. Ajeno a la literatura fantástica, el migrante bien podría ser su mejor protagonista: de su perpetua labor en las sombras pasa súbitamente al centro del debate político nacional. Es un ser que plantea una interesante paradoja: su indispensable labor se agradece con un insulto.

Los obstáculos del elitismo intelectual y el clasismo social superados, el autor migrante se ha enfocado, primero, en la situación concreta de sus entornos, y, después, en su transformación. Febronio Zatarain y Raúl Dorantes nos hablan del migrante que pasa del burro a la *van*, y plantean esto como un desplazamiento existencial. De igual forma lo hace Jorge Hernández, quizá el más talentoso de nuestros cuentistas y que, si el tiempo y las editoriales le hacen justicia, algún día sorprenderá al mundo de habla hispana con una obra de ágil prosa e imaginación desbordada. Franky Piña pasa de ser un curioso joven queretano a convertirse en editor a aceptar su identidad como persona transgénero. Francisco González Crussí, otro de los autores icónicos de Chicago, ha descrito su trayecto de una infancia precaria en un barrio popular de la Ciudad de México a renombrado patólogo y autor bilingüe celebrado en ambos lados de la frontera.

González Crussí representa la cara más refinada de la transformación de la que venimos hablando. La suya es una constante búsqueda entre el cuerpo, el lenguaje y las ideas, lo cual puede presenciarse bien desde los títulos mismos que componen su obra. Su primer libro se titula *Notes of an Anatomist* y su libro más reciente lleva el título de *El rostro y el alma*.

La ambiciosa obra de González Crussí abarca múltiples temas: es un genuino testimonio de resiliencia, un agudo cuestionamiento del avance científico, una amplia y detallada exploración del cuerpo humano, una erudita expedición en diferentes episodios de la medicina occidental y una divertidísima revaloración de la misma. En sus páginas nos enteramos del desarrollo y la mecanización de la medicina, los cuales él ve con suspicacia. Pero sobre todo lo que encontramos es un reclamo a una profesión médica que ha dejado de lado su antiguo juramento hipocrático de situar la dignidad del humano como valor fundamental. Internarse en la obra de González Crussí es descubrir una mente ávida, erudita, pero sobre todo es descubrir a un autor dueño de un finísimo sentido del humor que se ha impuesto un objetivo claro y casi imposible: hacer, del cuerpo humano, toda una filosofía. Y, sin embargo, son sus páginas autobiográficas las que mejor lo sitúan y definen como escritor migrante de Chicago. Obras como *Partir es morir un poco* y *There is a World Elsewhere* son entrañables meditaciones sobre el sentimiento de alienación, sobre la pérdida, la añoranza y la otredad, un continuo habitar en las zonas grises del ser y la sociedad, todos temas comunes en nuestra literatura.

La comunidad mexicana de Chicago ha resultado mucho más curiosa y creativa de lo que ella misma se hubiera imaginado. Emprendedora y alerta, ha logrado romper el fatalista "nada somos aún" de

Vasconcelos para afirmar: "somos, al menos, transformación". Y quizá más. Algunos de los actores culturales anteriormente mencionados han tenido ya un impacto considerable en su país natal: Carlos Gaytán ha sido el primer chef mexicano en obtener el premio Michelin, que generosamente depositó en el seno de una universidad privada que, irónicamente, quizá nunca le hubiera abierto sus puertas de otra manera; Febronio Zatarain ha ganado el Premio Latinoamericano de Poesía Transgresora; Franky Piña ha tenido el valor de confrontar la moral provinciana y retrograda de un país profundamente homofóbico, mientras que Francisco González Crussí, además de ser un respetado autor en ambos lados de la frontera, ha sido galardonado con importantes nombramientos, que incluyen el Premio Literario Merck en Italia, además de ser el mentor de exitosos jóvenes autores mexicanos que incluyen a nombres como Valeria Luiselli y Heriberto Yépez.

El fin del conjuro

Resulta curiosa esta condición, la de saberse imaginado, saberse obra de otro, saber que casi no se es. Pero, por aludir a Borges, más curioso aún es descubrir que el tiempo, que trazó hábilmente estas ruinas circulares, comienza ahora a agrietarlas. Es curioso contemplar la orgullosa arquitectura de nuestros padres intelectuales, verla cubierta por la pátina del tiempo, el deterioro de sus muros, el musgo que los cobija y darse cuenta de que, si bien estas son señales de un final, son también el anuncio de un principio.

En Chicago, el mexicano ya no es, o, más bien, nunca ha sido, el portador de una continuidad histórica. La narrativa con la que Da Jandra quiere cargarnos no nos parece ya nada más que una entretenida fábula, una historia que ocurrió, en algún momento, detrás del muro fronterizo, donde el tiempo está detenido y el sacerdote cultural sigue aún predicando y delegando las obligaciones del quehacer humano. Tampoco somos el hijo pródigo que regresará algún día a sanar las llagas de su partida. Todo migrante sabe que no hay partida sin desasosiego, que no hay felicidad sin incertidumbre, y que si bien su morada es un perpetuo tantear en las penumbras, al menos el suyo es un destino propio, que no está regido por el pasado, sino nutrido de experiencia y abierto al futuro.

Éramos, en la narrativa mexicana, nada más que fantasmas que entraban y salían de sus páginas en silencio, seres sin lenguaje propio pero redimidos por astutas plumas. La inquietud acerca de nosotros ha cambiado con el tiempo. Antaño, la aparición súbita de los fantasmas aterraba, pero se tenía el consuelo que, siendo fuerzas oscuras y naturalezas ultraterrenas, se esfumarían ante el albor del día. Ahora lo desconcertante es darse cuenta de que esos silenciosos fantasmas somos en realidad seres concretos, con voz, con experiencia, seres que, a necesidad de andar en las penumbras, están aprendiendo a tejer una narrativa de sombras, a balbucear nuestra historia en una lengua que amenaza con romper el conjuro. ⬚

Panorama con escritor

Sin título

La primera estampa es marítima. Los viajes que entonces se realizan son lentos y prolongados, aunque placenteros. Viajes en los cuales el espíritu sensible, arrastrado por el perenne arrullo de la corriente, se entrega a la reflexión. Nuestro autor anota:

> La primera impresión que se recibe es la variación notable del color de las aguas del Golfo de México, algunas leguas antes de entrar en las bocas del caudaloso Misisipí. Este inmenso río lucha con las aguas del océano y las hace retrogradar...

No se observan todavía esas intrincadas y extensas redes que eventualmente arrojará el sistema ferroviario, así que alcanzar el extremo norte ha sido una experiencia estrictamente náutica. En este respecto, nuestro narrador es un viajero a la antigua usanza. Es, en realidad, un pionero que precede al romanticismo del salvaje oeste y a la "fiebre del oro", aunque sea ésta la ulterior razón de su viaje. Ser aristócrata lo salva de la carencia y tribulaciones que en breve harán de la búsqueda del oro una peregrinación riesgosa. Los beneficios de clase mitigan, también, los inconvenientes de su larga y lenta travesía. Mientras los pioneros habrán de medirse con hostiles tribus indias, nuestro autor interrumpe su trayecto para visitar al entonces presidente, Andrew Jackson, que lo recibe cálidamente.

En otro cuadro, se ve al ilustre Lorenzo de Zavala entregado al apacible flujo del Río Ohio, y a la lectura de *François-René* de Chateaubriand. En la frontera norte, emulando a su héroe, nos regala el siguiente paisaje:

> Todas estas montañas y bosques están muy escasamente poblados; de cuando en cuando se ven algunas casas sobre las alturas, que inspiran el deseo de ocuparlas a los hombres cansados del mundo y de los negocios, que buscan en vano las ilusiones del campo y de la soledad, después de haber andado inútilmente tras de una felicidad que siempre se escapa de las manos. Pocos lugares, en efecto, me han inspirado un deseo más vehemente del retiro a la vida campestre, que esas deliciosas y románticas márgenes del Niágara y el Lago George. ¡Qué soledad tan acompañada de las bellezas de la Naturaleza! Peñascos, arroyos, aguas navegables y cristalinas, peces exquisitos, vistas magníficas.

Filósofo en Nueva York

La siguiente imagen proviene de otro devoto lector de Chateaubriand. "Prófugo metido en un vagón", capta este momento:

> No obstante la dictadura, podíamos viajar libremente sin pasaportes ni trámites. Ni se concebía en aquellos tiempos felices de la preguerra que nadie coartase el derecho de entrar libremente a cualquier país del mundo con la categoría inmejorable y común de ciudadano del planeta. La única desazón en el cruce de la línea divisoria era el contraste del bienestar, la libertad, la sonrisa que eran la regla en el lado anglosajón, y la miseria, el recelo, el gesto policíaco que siguen siendo regla del lado mexicano.

Como de Zavala, nuestro presente autor huye de México, víctima también de la represión oficial. Mas ciertas similitudes pueden ser engañosas. Incluso en el exilio, de Zavala lleva una vida nobiliaria: procura hoteles lujosos, se codea con el presidente, a bordo del buque en el que navega se encuentra con entrañables amigos con los que antes había viajado por Europa. En cambio, nuestro presente autor es de naturaleza más estoica; es melancólico y austero: ama el anonimato que le entrega una ciudad extraña, la libertad que dicha condición le otorga, y es capaz de sobrevivir asediado de carencias:

> Nunca he olvidado [el hotel]. Cobraban 35 centavos. Era aseado, tenía treinta pisos y lo frecuentaban tipos intermedios entre el tramp o vagabundo y el gentleman venido a menos. Una cama estrecha, pero limpia, en el cuarto reducidísimo de muros pintados de blanco, me daba, ya acostado en ella, la impresión de que era un sueño lo del viaje y que en realidad me hallaba en una celda de la Penitenciaría mexicana.

En un cuadro posterior, quizá su momento más débil, lo vemos lamentarse: "Todo hubiera sido perfecto sin aquel dolor de cerebro y zumbido de oídos que me perseguía como una consecuencia del dormir escaso, la alimentación insuficiente, la fatiga acumulada". Su verdadero alimento, su descanso y sueño los encontraba en otros lugares. En su solitario peregrinar por la Gran Manzana, José Vasconcelos encontró refugio en dos instituciones, sendos refugios del espíritu, que si bien no le aliviaban la comezón nocturna, sí le nutrían el alma: el Museo Metropolitano y la Biblioteca Pública.

Al atravesar la frontera, Vasconcelos había observado ciertos aspectos de la cultura estadounidense que siguen todavía vigentes:

Al cambiar de vagón en Texas llamaba la atención un público bien vestido, despreocupado; una humanidad diferente a la nuestra, desconfiada y astrosa. Tanto, que al penetrar Texas cada mexicano, por serlo, ingresaba en la casta de los greasers, los grasientos, apodo con que corresponden al gringo que nosotros les dedicamos. Aun así, de greasers, disfrutábamos de mayores garantías humanas que en la patria de Santa Anna… Entrábamos de verdad, y por puerta franca, a the land of the free, prototipo de nuestros sueños demócratas.

Lo que no es vigente es la suerte con la que corrió en Nueva York:

A los tres días de mi debut neoyorquino estaba ya sentado frente a una máquina de escribir, rebajado a la categoría de pocos años antes [...] A Johnson le debí el puesto de traductor que desempeñaba: me había invitado a trabajar con él en el bufete, pero sin sueldo, y preferí olvidar el título para ganar un salario.

Al final de su estancia en Nueva York, cuando la situación política en su país natal le permite regresar, presenta de inmediato su renuncia. Consternado por la pérdida de un eficaz traductor, su patrón le ofrece un aumento del 40 por ciento. Cuando Vasconcelos lo rechaza, el patrón ofrece doblarle el sueldo, mas no logra persuadirlo que se quede. Y eso —conseguir una chamba así a los tres días y rechazar tal aumento para regresar a México—, eso sí que no tiene vigencia, y nunca ha sido común.

Poco después, desde la plataforma, alcanzamos a percibir su perfil, sereno y reflexivo, una frente amplia donde se gestan ya osadas revoluciones se complementa con un dionisiaco y descuidado bigote que aspira a la poética nietzscheana.

Cama con hombre

Si este snapshot se hubiese tomado desde la puerta podríamos apreciar su rostro. Pero la instantánea fue tomada desde un plano elevado, así que lo único que podemos ver es a un hombre echado en su cama. Tiene las rodillas dobladas y en las manos sostiene un libro, el cual le bloquea el rostro. Es una habitación pequeña y mal iluminada. Años después, al rememorar este periodo de su vida, nuestro laureado bardo se referirá a ese cuarto como su "cueva". Cueva, habrá que aclarar, no como refugio del primitivo sino como escape del anacoreta. Más que reclusión, para nuestro poeta ese cuarto de beisman es el mundo y es la nada, un espacio que lo succiona y lo transporta a regiones ignotas.

Después lo encontramos en el extremo opuesto del país, en una región verde y montañosa que de inmediato lo impacta:

Cuando llegué a la cima pude ver todo el pequeño valle: las montañas azules, el arroyo, el llano de un verde luminoso, y, al fondo, el bosque. El viento empezó a soplar; todo se mecía, casi alegremente. Cantaban todas las hojas. Me dirigí hacia la cabaña.

Es esta la misma región boscosa y fresca donde de Zavala deseaba pasar sus últimos días, mas éstos, siempre impredecibles, lo sorprendieron en una zona árida y calurosa. Nuestro autor, aunque más joven, o quizá precisamente por eso, es un escéptico innato, y eso lo salva del espejismo:

El sitio es realmente hermoso. Casi no me parece real. Este paisaje es muy distinto al nuestro [...]país que un día se va a convertir en piedra.

Ha acudido a entrevistarse con un insigne poeta, y así nos lo presenta:

> Bebimos cerveza despacio. Mientras bebía mi vaso lo contemplaba. Con su camisa blanca abierta [...] Sus ojos azules, inocentes e irónicos, su cabeza de filósofo y sus manos de campesino, parecía un viejo sabio, de esos que prefieren ver al mundo desde su retiro. Pero no había nada ascético en su apariencia sino una sobriedad viril. Estaba allí, en su cabaña, retirado del mundo, no para renunciar a él sino para contemplarlo mejor.

Afirma, en otro momento, que su estancia en los Estados Unidos fue decisiva. Como todos, queda asombrado y aterrado ante la civilización norteamericana. Siente el dolor de los jóvenes mexicoamericanos marginados. "Me reconocí en los pachucos", nos dice. Y, al describirlos, nos regala imágenes de un elevadísimo vuelo poético, imágenes de gran fidelidad cinematográfica en las que la osadía y el absurdo se entremezclan:

> El pachuco ha perdido toda su herencia: lengua, religión, costumbres, creencias. Solo le queda un cuerpo y un alma a la intemperie, inerme ante todas las miradas. Su disfraz lo protege y, al mismo tiempo, lo destaca y aísla: lo oculta y lo exhibe. En la persecución alcanza su autenticidad, su verdadero ser, su desnudez suprema, de paria, de hombre que no pertenece a parte alguna. El pachuco es la presa que se adorna para llamar la atención de los cazadores.

Además de simpatizar con los pachucos, escribe que se solidarizó también con los mexicanos recién llegados, aunque no sabemos cómo. Lo que sí sabemos es que, agotados los fondos de su beca, entra en un periodo de aguda crisis económica, la cual termina recluyéndolo en esa "cueva".

La imagen con la que lo dejamos es una en la que se adivina que algo formidable ha ocurrido. Ha levantado el teléfono y en su rostro se advierte un gran alivio; del otro lado, uno de los hombres que llegaron puntuales a la cosecha de la Revolución lo escucha y, como buen mecenas, lo acoge bajo su generosa y enorme ala. Y, como las coincidencias no existen y como en ese entonces este era todavía el maravilloso país de las segundas oportunidades, Octavio Paz vislumbra un resplandor al final del túnel.

Tierra inhóspita

Ha transcurrido ya más de medio siglo desde que Vasconcelos se sorprendiera ante la tolerancia de una sociedad que le permitió el libre tránsito de Texas a Nueva York. En el país brota ahora ese cíclico sentimiento antimexicano, enarbolado por medio pueblo estadounidense y repudiado por la otra mitad. Son tiempos difíciles, y la profesión que antaño garantizara un asiento en la mesa presidencial ya no ofrece los mismos beneficios. Menos afortunado que sus antecesores fue Jorge Ibargüengoitia, que ilustra aquí la hostilidad de una burocracia profundamente denigrante:

> Al llegar a Chicago tuvimos una pequeña tragedia: el funcionario de migración [...] decidió que mi esposa no podía cruzar la frontera con la visa de turista que llevaba sino que necesitaba otra, especial [...] en la que se especificara que iba a ser mantenida por un becario. Nos remitió a un pasillo del aeropuerto que es como la "tierra de nadie" en donde tuvimos que esperar una hora al funcionario que debería examinar el problema y resolver nuestra suerte [...] Al final Joy fue admitida en los Estados Unidos, pero adquirió una fobia antiyanqui que duró varios días.

Weekend Trip

Por sus peculiares trazos, de inmediato reconocemos este como un esbozo de la literatura fantástica. El improbable protagonista es un joven mexicano que llega a Nueva York en avión para trabajar durante el fin de semana. También sabemos que estamos en las manos de un maestro de la ilustración, un artista de imaginación compleja, pues en su cuadro abundan detalles de una verosimilitud incuestionable. Distingue, por ejemplo, al resto de los trabajadores añadiéndoles el sutil toque del sombrero y una pigmentación oscura. El protagonista, se entiende, es de piel más clara, una persona con más clase y cuyo porte y procedencia lo colocan en un plano distinto a los demás.

Bajo circunstancias distintas, Lisandro Chávez no tendría por qué atravesar por esto. No tendría que escuchar los ronquidos que provienen de los catres aledaños al suyo en el gimnasio que hace las veces de hotel. Si las cosas fueran como deben ser, viajaría a la Gran Manzana, sí, pero no sería así, rodeado de ese ejército de prietos harapientos y apestosos. Imagínate, ¡no saber siquiera que a Nueva York en diciembre se tiene que llevar chamarra!

Otro detalle que nos ayuda a constatar que este cuadro pertenece al género fantástico es el siguiente: a pesar del profundo estigma que aqueja a Lisandro (clasemediero mexicano venido a menos), el narrador nos hace partícipes de un momento verdaderamente glorioso:

> No tengo derecho a nada, se dijo un día Lisandro Chávez, tengo que unirme al sacrificio de todos, al país sacrificado, mal gobernado, corrupto, insensible, tengo que olvidar mis ilusiones, ganar lana, socorrer a mis jefes...

Esta epifanía se apodera de Lisandro en las primeras secuencias de este relato gráfico. Pero, como es bien sabido, confrontar nuestro destino es una cosa. Asumirlo sin reservas es algo muy distinto: una tarea más ardua y portentosa. Sobre todo cuando el destino se entiende como imposición, como una realidad injusta y degradante. Y es así, enfrascado en esta absurda batalla, que Lisandro se entrega al trabajo. Olvidándose de pensamientos sublimes y solidarios, se conforma con el ligue imaginario —su mundo entero gira en torno a la imaginación— de una güerita profesionista a la que jamás volverá a ver.

Es una escena que se extiende un tanto más, pero que es mejor congelar en este close-up: Lisandro y Audrey desentendidos del mundo, unidos en un imposible y altísimo beso, mas separados —¡chingada madre!— por una perenne frontera de cristal.

En otra pincelada igualmente fantástica de la misma obra, el autor nos presenta el siguiente cuadro:

> Detenido en la noche a la orilla del río, Benito Ayala estaba rodeado de hombres parecidos a él. Todos entre los veinte y los cuarenta años, todos tocados con sombreros de petate, todos vestidos con camisas y pantalones de mezclilla, zapatos fuertes para el trabajo en clima frío, chamarras de colores y diseños variados... Todos levantan los brazos, los abren en cruz, cierran los puños, ofrecen su trabajo silenciosamente del lado mexicano del río, esperando que alguien los note, los salve, les haga caso.

Es así como sabemos que este tránsito transfronterizo será un bosquejo puramente imaginativo. Aparte del autor, todo mundo sabe que, al estar esperando cruzar la frontera, lo último que uno desea es ser visto. Uno anhela la invisibilidad, el anonimato, una condición de sombra. Pero Carlos Fuentes, que vivió siempre bajo la caricia de los reflectores, no tenía manera de saberlo. Nunca supo que había caído en una falacia, pues entre México y los Estados Unidos no se erige una frontera de cristal, sino el umbral de un imperio de penumbras.

Don de lenguas

Yuri Herrera, en esta ilustración, nos muestra a la heroína de su novela. Poco después de cruzar la frontera, Makina alcanza su destino, toca el timbre y, sin más, "gabachea".

La trama es sencilla: Makina ha atravesado la frontera en busca de su hermano. La complejidad de esta narración yace en sus silencios, en el arte de saber qué decir y qué callar, en la manera que la heroína cruza de un país a otro, de una cultura a otra.

Como nuevo modelo de heroica mexicana, Makina no se deja intimidar, mucho menos manosear. En una estampa anterior, en el camión que la lleva a la frontera, vemos a Makina aplacar a un jijo de la chingada pasado de lanza: lo agarra de los güevos, lo alecciona, lo hace chillar y lo humilla. Ya de este lado, otra viñeta la muestra ruborizada: ha ofendido al portero de la casa donde llegó a buscar a su hermano y se disculpa, claro está, en *gabacho*. El motivo de su vergüenza es un malentendido, que no se da en el diálogo, sino en el silencio. Ignoramos cómo aprendió inglés, pero queda implícito que lo maneja a la perfección. Sabemos, eso sí, que nunca ha visto "tanto negro" de cerca, así que no pudo haberlo aprendido en los Estados Unidos. Y, no obstante, la conversación que sostiene con el portero es fluida y está llena de sutilezas. En ella abundan los matices culturales, las indicaciones de que nuestra heroína está al tanto de lo que no se habla, de lo que se piensa pero nunca se dice.

Con un trazo distintivo del realismo mágico, el novedoso y diestro pincel de Herrera le confiere a Makina asombrosas virtudes lingüísticas. Al parecer, una de las *Señales que precederán al fin del mundo* es el don de lenguas. Todo aquel que haya pasado años bregando con la difícil tarea de aprender inglés hará bien en tomar esta obra en sus manos, admirarla y luego saltar y abrasarse en este apocalíptico y burlón juego.

Oda a la libertad

Resulta irónico, resulta osado que, en tiempos aciagos como este, recaiga sobre uno de los nuestros la composición de una exquisita oda a la libertad estadounidense. Vimos la libertad, nos dice nuestro autor, y avanzamos por la cordillera, vimos los pueblos de banjo y overoles, dormimos en granjas.

No sorprende, pues, que el autor, a quien en una imagen anterior se le puede ver atormentado por sus dudosos privilegios, halle comodidad en tan humilde aposento. Sus fines, nos enteramos, son de orden antropológico: vimos la miseria de los blancos, los pueblos, el polvo. La libertad es, pues, accidente cósmico o mofa divina: solo así se explica que la vida íntima de los Apalaches termine adornando el cuaderno de notas de un aventurado escritor mexicano.

Pero al autor hay que ubicarlo en su contexto. Y Álvaro Enrigue, para quien no existen las fronteras pero que sin embargo ha escrito sobre el inconveniente de ser mojado de primera, la libertad, queda claro, es sinónimo de movimiento. Pusimos la aguja en el Oeste y salimos del sur después de cruzar Arkansas. Vimos los pinares más grandes, las cúpulas de piedra que los coronan.

Vimos que Dios hizo el mundo y no le gustó, nos dice nuestro místico autor. Y con este ditirambo lo dejamos, precipitándose al espejismo de una libertad que, por más que se le busque, no se le logra sacar de cuadros líricos y abstractos.

Tiras cómicas

Para completar esta muestra —collage de selección y cronología arbitrarias— presentamos una estampa típicamente juvenil; una estampa que bien podría desprenderse de los cómics mejor ilustrados de la época. Es una soleada tarde californiana. El coche ha atravesado vastos desiertos en ambos lados de la frontera y llega tosiendo espesas bocanadas de humo oscuro. Nuestro autor se estaciona, observa y escribe en su diario —o algo que parece ser un diario— que acá las meseras se deslizan en patines y andan en shorts y lo atienden a uno en la comodidad de su propio auto. Apunta esto, cierra su diario y disfruta su dulce y cremosa malteada.

La próxima secuencia nos lo hubiese mostrado reanudando su camino hacia la Universidad de Berkeley, donde recibirá un *honoris causa*. Pero esa es una imagen que ya no vemos. Seguir ese trayecto sería recluirnos en la torre de marfil y restringir nuestro panorama, y lo que en esta muestra nos interesa es extraviarnos en el goce estético del turismo intelectual. ▉

PARTE II.

El cambio por venir

Las universidades son fuentes de doctrina moral y civil
—*Thomas Hobbes*

Es con una firme convicción en estas palabras de Hobbes que me presento aquí el día de hoy. Escritas en 1651, mucho antes de que este país existiera *siquiera* como una idea, nos dan motivo para reflexionar, en un momento en el que los principios fundacionales de esta nación se encuentran en peligro. No faltará quien considere extraño aplicar las observaciones de un defensor de la monarquía inglesa a los asuntos internos de la democracia estadounidense. Incluso más si tomamos en cuenta que, en la época de Hobbes, la educación superior estaba limitada a un reducido y selecto grupo de individuos. Lo que no puede negarse es que Hobbes apela directamente a la dimensión más alta de nuestra humanidad, es decir, a nuestra capacidad innata para poder deliberar asuntos morales y civiles.

Es por eso que estoy profundamente agradecido con la profesora Welton por haberme extendido esta invitación. Me honra y me conmueve estar aquí hoy, en esta gran universidad, tomando parte en las celebraciones del 150 aniversario de su fundación. Cuando recibí la invitación de la Facultad de Educación, no podía dejar de pensar en lo extraño que sería dirigirme a una audiencia como esta. Después de todo, esto *no* es lo que vine a hacer a este país. Cuando vine a los Estados Unidos, no lo hice con ilusión académica alguna. Había venido a trabajar con mi cuerpo, a invertir el vigor de mi juventud arrodillado y restregando inodoros ajenos. Sabía que estaba destinado a desempeñar ocupaciones ínfimas y vivir una vida clandestina, y yo no veía ningún problema con ello.

Mi historia comienza una soleada tarde, a los 19 años de edad. Me despedí de mi madre con un beso en la terminal de autobuses

y me embarqué en un mar de asfalto: un viaje de 36 horas de Guadalajara a Tijuana. Estaba en camino a asumir mi destino, a celebrar mi
rito de iniciación y asumir los riesgos y obligaciones de todo adulto de
mi extracción social. El canto de la sirena me había seducido: me estaba tentando a alejarme de un sitio corroído por la pobreza y dirigirme a una tierra de riqueza ilimitada.

Llegué a los Estados Unidos esperando encontrar el país que había crecido viendo en la televisión: las enormes casas suburbanas,
sus anchos jardines. En específico, quería ver los imponentes rascacielos de Chicago. Recuerdo cómo muy de niño en casa una foto
de un familiar posando con la Torre Sears en el fondo había alimentado continuamente mi imaginación con salvajes ideas de prosperidad urbana. Pero lo que encontré fue tan distinto a la fantasía que
había imaginado, que me pareció que había llegado a vivir en una
realidad paralela y subterránea. En lugar de pasearme por el centro
de la ciudad admirando los rascacielos, me encontré viviendo en sótanos olorosos a moho en los suburbios del sur de Chicago, haciendo
trabajos ínfimos, incapaz de realizar algo tan elemental como comunicarme en la sociedad general y participar en ella. Me encontré confinado a la compañía de otros inmigrantes cuyas vidas, por muchos
años ya, se habían limitado a esa misma experiencia subterránea, ese
inframundo que, paradójicamente, parecía brindarles mucho alivio.
Todo esto me sugirió que era solo ahí, en ese calabozo de la sociedad,
donde las personas como yo podían forjar sus míseros sueños.

Pero después de años de labor y esfuerzo en esa región de tinieblas, después de años de tratar de aprender un idioma que todavía
se me resiste, y después de descubrir que un diploma de preparatoria no garantiza la estabilidad económica ni la movilidad social, algo
sin precedentes ocurrió: vine y los descubrí; descubrí este mundo
intelectual, y los descubrí a ustedes, académicos, porque hasta entonces no existían. No existían en mi imaginación. Yo me había visto
obligado a abandonar la escuela a los 12 o 13 años de edad, y mi prematuro desarraigo de la educación formal no había dejado ni rastro

de ustedes ni de su mundo. Así que los descubrí en una etapa tardía de mi vida, años después de haber obtenido mi diploma de preparatoria abierta. Fue durante mi primer día de clases en un *community college* en los suburbios del suroeste de Chicago. Ahí, rodeado de jóvenes unos diez años menores que yo, me sentí inmediatamente aturdido, desorientado y cegado por la luz de la alegoría de Platón. Ese fue mi primer encuentro con la filosofía. Yo soy como una de esas personas en la caverna, recuerdo que me dije, sentado en mi pupitre, hipnotizado. Sentí un grillete de metal en mis tobillos, y el peso de cadenas invisibles que me ataban a la oscuridad.

La propuesta de Platón tuvo tal impacto en mí que, al regresar al trabajo y reanudar mis actividades como lavaplatos, sentía siempre que mi obligación como ser pensante era preguntarle a los cocineros sus razones para exigir que me apurara con los platos. ¡Ja! ¡Como si la velocidad con la que yo restregaba los trastes pudiese marcar diferencia alguna en el gran plan de las cosas! ¿Qué no sabían que la esencia de las cosas es permanente e inmutable? ¿Que el movimiento es imposible porque entre un punto y otro siempre hay un punto medio, y que de ese punto medio a otro punto hay un infinito número de puntos intermedios? Me daban ganas de decirles, "Tranquilos, no vamos a llegar a ninguna parte; a todos ustedes los están engañando los sentidos". ¿O debería, mejor, cumplir con su urgente petición y permanecer indiferente y remoto? Una teoría distinta, la de Heráclito, me aseguraba que la persona a la que le habían gritado y aquella que lavaba los trastes eran dos personas completamente diferentes. Me sentía obligado a entablar un diálogo socrático con los cocineros para comprobar si los platos que me exigían eran lo que ellos pensaban que eran o si habían estado viviendo una mentira durante toda su vida. Encadenados en la caverna, habían vivido engañados por las sombras. ¡Una idea como esa seguramente los dejaría confundidos! Pero entonces, anticipando su respuesta, "¡Déjate de chingaderas y apúrate con esos pinches platos cabrón!", abandonaba mis inquietudes filosóficas y restregaba los platos con más fuerza.

Es posible que mi educación como adulto haya comenzado como algo surrealista, pero con el tiempo se hizo evidente que la educación tenía el poder de moldear incluso mi realidad cotidiana. Antes de ingresar a la universidad, siempre que uno de mis compañeros de trabajo me pedía que cubriera su turno, accedía sin dudar. No obstante, ya como estudiante, mis prioridades comenzaron a cambiar. ¿Qué era más importante, trabajar horas extras para comprar un coche nuevo y reluciente o pasar más horas tratando de mejorar mi inglés? Llegó un momento en el que mis valores también comenzaron a cambiar. En lugar de anticipar la comodidad y emoción de un coche nuevo, me ocupé con las páginas de mi diccionario. Me puse a hojearlo para encontrar el significado de términos como "compost" y "swamp" y "mulberry", palabras que no conocía en ese entonces y que había encontrado en un libro llamado *Walden* cuya fascinación y misterio estaba tratando de desentrañar.

Eventualmente, también se hizo evidente que, más que las posesiones materiales, el *tiempo* era lo valioso y, con el tiempo, las lecciones y las ideas que podía aprender de los libros que se me asignaban. Después de todo, algunas de esas ideas abordaban directamente mi experiencia. Mis lecturas cuestionaban mis suposiciones respecto al mundo y la manera en la que me relacionaba a él. Resultaba que algunos de los valores que se me habían inculcado tenían principios equivocados, como la manera en la que los hombres mexicanos tratamos a las mujeres o educamos a nuestros hijos. Mis lecturas ofrecían también explicaciones acerca de mi situación social. Me hablaban acerca de la desigualdad económica, las luchas sociales y el devastador poder del capitalismo y de la globalización, culpables ambos de la explotación de la humanidad y de su movimiento masivo a través de continentes y siglos.

Algunos de los libros que leí en la universidad me mostraron a los Estados Unidos como el epicentro del cambio social y humano. Aprendí que este es un país con la capacidad de cuestionarse, de reinventarse, incluso si esto implica un confrontamiento continuo, o quizá gracias a él. Indagué detenidamente en los capítulos más oscuros de este país, y me sentí profundamente conmocionado y perturbado. Mas luego descubrí las obras de Frederick Douglass y W.E.B. DuBois y Ralph Ellison, así como el estoicismo del espíritu afroamericano y el supremo acto de generosidad y compasión expresado en su tradición musical, una tradición forjada bajo circunstancias adversas y extremas. Y todo esto me dio motivo para creer que lo mejor de la humanidad quizá todavía estaba por venir y que la adversidad puede impulsarnos a crecer y madurar y elevarnos hasta alturas sin precedentes.

Hay algo profundamente irónico en mi presencia aquí el día de hoy. Yo había venido a este país buscando riquezas. Y, en lugar de eso, encontré bibliotecas y universidades. Pero el simple hecho de mi presencia aquí el día de hoy revela más acerca de este país, más acerca de la naturaleza y la labor de instituciones como esta, la Universidad de Illinois, que acerca de mi persona. Mi presencia aquí el día de hoy sirve como testimonio del impacto que la educación superior puede tener en la vida de cualquier persona, independientemente de quién se trate o de dónde provenga.

Es quizá por eso que yo considero los ataques a la educación, sobre todo los ataques a las humanidades, como una afrenta personal. Después de ver mi vida completamente transformada gracias al sistema de universidades públicas de este país, en específico, del estado de Illinois, me desconcierta enterarme que existen personas en Springfield, la capital del estado, o en Washington DC, cuyo único objetivo parece ser destruir la educación pública, quizá porque la educación ha hecho muy poco por ellos. En mi opinión, el objetivo principal de la educación superior es la posibilidad de reinventarnos, de descubrir vastos territorios que yacen ocultos en nuestro interior, *desa*prender ciertos prejuicios que se nos han inculcado, expandir el horizonte de nuestra experiencia individual y ver cómo se conecta con la de otros. Dicho de otra forma: cobrar conciencia de nuestra capacidad para la deliberación moral y civil.

Y es por eso que, en la sociedad contemporánea, en este mundo regido por la imagen y la popularidad y el efímero amor de Twitter, una educación sólida en las humanidades resulta tan esencial ahora como siempre. Después de todo, como ya es evidente, un título universitario no es suficiente para hacer de alguien una persona educada y compasiva, ni siquiera una persona con un mínimo de decencia humana. De hecho, es posible que dicho individuo sea dueño de una universidad, que mande esculpir su apellido en enormes letras doradas a la entrada del recinto y que, aún así, siga siendo un completo idiota.

Dicho esto, ahora me gustaría hablar de las maneras particulares en las que la educación superior me ha ayudado a entender la complicada relación que yo, como mexicano, tengo con la sociedad estadounidense. La gran lección que he aprendido es que nuestra conexión va más allá del saqueo de territorio mexicano por parte del naciente imperio americano, más allá de la política y la economía que han sentado las bases de nuestro comercio bilateral, y más allá de la tóxica retórica que en este momento infecta el discurso público: más allá de todo eso existe un componente profundamente humano desde el cual nuestra relación se erige. Y lo que es verdaderamente valioso de dicha relación no son los eventos históricos de nuestras respectivas narrativas nacionales, sino los matices que avivan y enriquecen nuestros encuentros cotidianos. La educación superior me ha brindado la oportunidad de atravesarme con personas, en particular con profesoras y profesores, que me han guiado a estas conclusiones. Y, a los profesores que se encuentren en la audiencia, me gustaría agradecerles por haber contribuido a formar la persona que soy hoy en día. Incluso si ninguno de ustedes ha estado involucrado en mi educación de manera directa, estoy seguro que en algún momento han impactado la vida de una persona como yo. Mi presencia aquí el día de hoy es prueba patente de que, para muchos, las personas como yo no son meras abstracciones y que la posesión o la falta de un número de nueve dígitos no determina nuestra vida. Es gracias al papel que educadores como ustedes han desempeñado en mi vida que me he dado cuenta que mi historia está íntimamente ligada a esta sociedad, incluso cuando muchos se empeñen en negarme un sitio en ella.

Yo no soy, por cierto, el primer mexicano en apreciar esta cualidad de los educadores estadounidenses. Durante su exilio en los Estados Unidos debido a su papel en la Revolución Mexicana, José Vasconcelos, una de las mentes más brillantes que México ha producido, se atravesó con una carta escrita por una maestra de primaria estadounidense que quería colaborar con un donativo de un dólar a la educación básica de los niños en México. Vasconcelos citaba esto como evidencia del altruismo y abnegación de algunos educadores estadounidenses, incluso en los albores del siglo xx.

Pero hay otro motivo por el cual menciono el nombre de Vasconcelos en esta coyuntura, y tiene que ver con un giro importante de los últimos años durante los cuales las instituciones de educación superior como la Universidad de Illinois le han abierto las puertas a jóvenes con historias similares a la mía. Al igual que yo, Vasconcelos era un hombre mexicano con una relación ambivalente con los Estados Unidos. No obstante, él provenía de una clase privilegiada. De hecho, su posición social era tal que, desde una edad muy temprana, sabía ya que su destino era desempeñar un papel determinante en el curso de la nación. Hoy día, la vida y la obra de Vasconcelos son sujeto de estudio en un gran número de universidades.

He elegido el nombre de Vasconcelos, pero de igual forma pude haber escogido cualquier otro nombre de una larga lista. Por más de un siglo, el ámbito académico estadounidense se ha vuelto el lugar de destino de la clase ilustrada mexicana. Me refiero a autores como Octavio Paz, Carlos Fuentes, Rosario Castellanos, Cristina Rivera Garza y Jorge Volpi, por mencionar solo a algunos.

No obstante, la historia de la intelectualidad mexicana en el sistema académico estadounidense es completamente opuesta a la mía. De hecho, es posible que mi historia esté más cerca a la de muchos de los estudiantes que están aquí presentes hoy —ellos mismos inmigrantes o hijos de migrantes económicos— una clase de personas que tradicionalmente no han tenido acceso a la educación superior, ya sea por dificultades económicas, falta de preparación adecuada o estatus legal. La nuestra es una historia de lucha social e integración, la historia de un grupo de personas tratando de abandonar los márgenes de la sociedad y avanzar hacia su centro. Estos temas, me parece, son de gran relevancia para las universidades estadounidenses en este particular momento político. Conforme presenciamos cómo este país se transforma y se enriquece, instituciones de educación superior como la Universidad de Illinois se están volviendo más y más determinantes en dicho cambio al abrirle sus puertas a una población para la cual la educación superior ha estado históricamente vedada, una población que, sin duda alguna, participará de manera activa y vigorosa en el futuro y la prosperidad de este país.

Mas esto no significa que nuestra experiencia universitaria ha estado libre de problemas. Si la jornada de estos jóvenes en algo se parece a la mía, entonces lo más probable es que esté marcada por la ansiedad. Es probable que algunos de ustedes se estén preguntando ahora mismo, "¿qué haré cuando mi DACA expire? ¿Existe la voluntad política en el Congreso para promover una legalización? ¿Cómo puedo confiar en la palabra de un mentiroso patológico como Donald Trump?" En el peor de los casos, ¿cómo podré sobrevivir si me mandan de regreso a un país cuyo lenguaje ya no domino por completo, cuya cultura comparto solo a medias, un país que sigue arraigado en el clasismo, en la desigualdad y la injusticia que expulsaron a mis padres de su propio hogar, un país que parece estar al borde del colapso? Estas no son preguntas fáciles, pero son las preguntas y las inquietudes que muchos de nosotros debemos afrontar como una realidad.

Aprovecho esta coyuntura para comentar el papel esencial que la educación superior desempeña en nuestras vidas: nos proporciona dirección en tiempos de incertidumbre, inteligencia en un mundo regido por la estupidez; nos enseña a ver nuestra situación actual como un complejo problema social, más que un asunto simple; nos da la oportunidad de expresar nuestras inquietudes y tratar de encontrar soluciones creativas, ya sea por medio de la acción política o construyendo alianzas con otros individuos o grupos.

Si bien es posible que mi experiencia encuentre oídos receptivos en algunos de ustedes, comprendo también que es posible que otras personas de la audiencia pongan sus ojos en blanco pensando cómo me he dejado persuadir por la narrativa ficticia del salvador blanco. Lo único que puedo decir, partiendo de la experiencia propia, es esto: en la universidad he aprendido que el mundo es un lugar mucho más rico y complicado de lo que yo solía pensar. Y que una mentalidad atrapada en la opresión y el victimismo aprenderá a ver el mundo solo a través del prisma de la opresión y el victimismo. A pesar de que me ha tocado experimentar en carne propia la ignorancia y la intolerancia racial en más de una ocasión, mi presencia aquí el día de hoy sugiere que mi relación con esta sociedad no puede reducirse tan solo a esos episodios. Yo no podría, con la conciencia tranquila, desechar mi volumen de ensayos de Emerson —uno de los principales pilares de mi educación— con base a su opinión de que los mexicanos envenenaríamos a la sociedad estadounidense. Qué veneno más raro y exquisito, Mr. Emerson, nuestro guacamole, nuestros totopos.

Pero no soy ingenuo. Comprendo que, en gran medida, el tóxico discurso público que se ha apoderado de la sociedad estadounidense en la actualidad proviene directamente del Ivy League. En los textos del finado profesor Samuel Huntington, de Harvard, por ejemplo, podemos encontrar la profecía que anunciaba la intolerancia y la xenofobia que en la actualidad están contaminando a nuestra sociedad.

Por lo tanto, cuando propongo que hoy me presento aquí para honrar la educación superior, estoy al mismo tiempo consciente de que incluso en el medio académico existen personas de amplia erudición y mentes reducidas. Hay aquellos que se han especializado en las humanidades, y que sin embargo no han sabido cultivar una humanidad propia. En lugar de tratar de entender la complejidad y riqueza del mundo, lo que promueven es una visión primitiva y tribal.

En una época de avances sin paralelos en la ciencia y la tecnología, se aferran a ideas precientíficas y rudimentarias. En lugar de enriquecer sus vidas observando sus entornos, sepultan su cabeza en la arena, como avestruces, para evitar que la luz natural y el aire fresco los alcancen y que una bocanada de claridad refresque sus turbias mentes.

Pero ahora me pregunto, ¿qué me concede el derecho, la autoridad de presentarme aquí el día de hoy y proponer que hay personas en el ámbito académico cuyas ideas necesitan clarificación urgente? Son el derecho y la autoridad sustraídos de las lecciones en pensamiento crítico que aprendí en la universidad, la idea de que las universidades son el espacio natural para debatir temas difíciles, y, en particular, aquellos que competen a nuestro sentido moral y civil. La educación superior nos ayuda a recuperar la capacidad de escuchar y discutir de manera respetuosa, de apreciar las ventajas de vivir en una sociedad plural, una sociedad donde todos nos esforzamos por proteger la libertad de expresión como un valor supremo y la denunciamos cuando ha sido secuestrada por el fanatismo flagrante.

En mi caso particular, la educación superior me ha proporcionado las herramientas necesarias y la urgencia moral para explorar cuestiones relacionadas con el esencial y menospreciado rol de la población indocumentada en nuestra sociedad. Debido a que este no es un tema que desaparezca una vez que las conversaciones en nuestras torres de marfil concluyen, contemplémoslo por un momento.

Pensemos, por ejemplo, sobre la injusticia necesaria para negarles algo tan elemental como los derechos humanos más básicos a los hombres y mujeres que siembran las bayas que encontramos en nuestro desayuno diario, que preparan nuestra comida en algunos restaurantes aquí en la Calle Green, que podan nuestro pasto, que limpian nuestras oficinas y que, además de proporcionar servicios esenciales para nuestra comodidad, contribuyen también con miles de millones de dólares todos los años al fondo de la Administración del Seguro Social, dinero destinado para financiar el retiro de personas jubiladas, pero *no* el de los 11 millones de indocumentados. Este país dentro de su propio país, esta nación de sombras, consta de una población casi similar a la de todo el estado de Illinois, una población que equivale casi al tercio de la población entera de Canadá. Pensemos en las posibilidades y la tenacidad de esas personas que llegan hasta aquí con el único deseo de alcanzar una subsistencia modesta. Pensemos en los y las jóvenes desesperados por venir y emplearse lavando nuestros trastes por tan solo siete dólares la hora, permitiéndonos así vivir una vida cómoda y asequible. Pensemos en su jornada y el riesgo que deciden tomar, cómo arriesgan la vida viajando en la cabina de alguna camioneta en malas condiciones en carreteras de alta velocidad y sin ningún tipo de protección, o hacinados con docenas de personas en un tráiler sin ventilación alguna con el fin de llegar a su destino. Pensemos en los trabajadores domésticos que se encargan de cuidar a nuestros hijos, y cómo es posible que muchos de ellos esta noche no podrán regresar a ver a sus propios hijos nacidos en este país. Pensemos en el futuro de ese niño, la relación que tendrá con el país en el que nació: un huérfano doble, atrapado en un limbo legal y emocional. Pensemos en el dilema actual de esas masas cansadas, pobres, hacinadas. Y ahora pensemos en el grado de inhumanidad que se requiere para mantener el status quo. Y pensemos también en lo que esto dice respecto a los valores principales de aquellos que están dispuestos a agudizar la crisis de una condición ya de por sí precaria.

Es solo gracias a que en un momento me detuve a observar estas contradicciones y articularlas en una narrativa de agradecimiento y desengaño que tengo la oportunidad y el honor de dirigirme a ustedes el día de hoy. Pero nada de eso hubiese sido posible si no me hubiera sentado en aquella aula universitaria en mi primer día de clases. Como ya lo he mencionado, ese día entré en contacto con las ideas de Platón y aprendí cómo, según él, el mundo que vemos no es nada más que la sombra de la realidad porque todos nosotros somos, a final de cuentas, prisioneros de una caverna.

El mundo que vemos y la realidad que lo subyace: estas son las contradicciones con las que no solo personas particulares, sino también naciones enteras deben bregar. Yo represento una de esas contradicciones: soy, de igual manera, el producto de la generosidad y de la hipocresía de este país. He sido bendecido por la grandeza de su espíritu y condenado por la vileza de su política. Atrapado entre fuerzas opuestas, he habitado la mayor parte de mi vida en un turbio limbo legal. Soy el resultado de un sistema político que sabe exactamente qué es lo hace al prolongar la agonía de 11 millones de personas: 11 millones de familias al borde del colapso.

La educación superior me ha proporcionado las herramientas necesarias para articular argumentos como los que he querido comunicar aquí esta tarde. Me acogió en sus aulas, verdaderos santuarios de redención y conocimiento, e infundió un segundo aliento en una vida a la que el futuro no tenía mucho que ofrecerle. Hoy día soy una persona muy distinta al joven que llegó a este país sin hablar inglés y sin nada más que una precaria educación secundaria. Sin embargo, el hecho de que pueda estar en esta sala el día de hoy para poder hablar con ustedes en su propio idioma acerca de graves asuntos morales y civiles que afectan a su propia sociedad en la actualidad, es un reflejo del éxito de esta noble institución, y es algo que poco tiene que ver conmigo. Esto, insisto, es prueba de la agudeza de Thomas Hobbes, y de cómo la idea contenida en la cita con la que inicié esta conversación va más allá de su lealtad política y puede incluso considerarse una de esas verdades eternas que nos guían, como una brújula interna. Después de todo, es posible que la monarquía inglesa se colapse, o que un fascista estadounidense se erija y caiga, pero esa es una suerte que nuestra capacidad innata de debatir asuntos morales y civiles no correrá.

Este discurso, pronunciado en la Universidad de Illinois, Urbana-Champaign, el 19 de septiembre de 2017, es parte de la Serie de Conferencias Distinguidas de la Facultad de Educación, y se llevó a cabo dentro del marco de las Celebraciones del 150 aniversario de la fundación de dicha institución. ⌘

¿Me escuchan? ¿Me entienden?

¿Me escuchan? ¿Me entienden? ¿Sí? Muy bien, ya que he estado preparándome para este momento por mucho tiempo. He estado entrenando esta voz por más de 24 años con el único fin de estar aquí hoy y entablar este diálogo con cada uno de ustedes. Quizá esto no tenga sentido ahora mismo, pero espero haberme explicado hacia el final de mi ponencia.

Sé que la mayoría de ustedes está inscrito en un curso que explora lo que significa ser un extraño o a un extranjero, o cómo percibimos a dicha persona y por qué. Por lo tanto, se me ocurrió que tal vez una buena idea para nuestra conversación de hoy podría ser tratar de ilustrar algo con lo que quizá ustedes no estén particularmente familiarizados, es decir, la vida íntima de alguien a quien pueden considerar un extraño o un extranjero por varios motivos: 1) porque dicha persona no habla el mismo idioma que ustedes, 2) porque aparenta ser una persona reservada o solitaria y 3) porque la mera presencia de esta persona entre ustedes supone un problema social.

Lenguaje

Yo llegué a los Estados Unidos hace 24 años, y de inmediato me di cuenta que era *incapaz* de entender esta nueva sociedad. Para comenzar, el lenguaje que aquí se hablaba no era el mío y, después, porque era obvio que este país obedecía una serie de reglas distintas. También quedé impresionado ante lo que parecía ser una riqueza ilimitada. Las carreteras serpentinas. Los inmensos y verdes jardines suburbanos. Los deslumbrantes centros comerciales. Los rascacielos. El entusiasmo y la productividad de la gente.

Aquí todas las cosas hablaban un idioma diferente: el idioma de la posibilidad. De repente me encontré en la tierra de la abundancia donde, al contrario de mi lugar de origen, lograr los objetivos era algo que estaba al alcance de la mano. El contraste del lugar de donde había venido era tan marcado que, por aludir al filósofo alemán, Arthur Schopenhauer, este nuevo lugar parecía una idea. Y, alejado inicialmente de él debido a la barrera del lenguaje, este nuevo sitio representaba para mí una abstracción, pero yo *deseaba* poseerlo, volverlo parte de mi realidad concreta.

Al llegar a los Estados Unidos, algunas de las personas con las que estaba viviendo, llevaban ya muchos años en Chicago. Sin embargo, me di cuenta de que muchos de ellos todavía no habían aprendido inglés, y, por motivos que nunca he comprendido, a algunos ni siquiera les interesaba. Quizá debido a nuestra proximidad con la riqueza, el contraste que descubrí entre el Chicago en el que yo vivía y el mundo que nos rodeaba era perturbador. En las casas donde llegué a vivir, los ecos de pobreza, resignación y apatía, tan familiares allá en México, parecían amplificados. Era como si México entero se hubiera multiplicado y aterrizado ahí, en la mesa de la cocina, en la sala, en el sótano oloroso a moho donde yo dormía. México se colaba por la radio, por la televisión. Nos hablaba en nuestra lengua materna, llena de consuelo. Y, cuando más necesitábamos estar despiertos y alertas, su tierna voz materna más nos arrullaba y nos adormecía.

Así, me encontré transportado a un país distinto, pero sin verdaderamente habitar en él, sin participar en su vida. Era como si nunca hubiera dejado México. Era como si, en lugar de abandonarlo, hubiera viajado más profundamente a su interior.

No hacía mucho que había arriesgado mi vida atravesando la frontera. Pero ahora, el reto al que me enfrentaba era de una naturaleza distinta. Ya dentro de las murallas del imperio, era libre de caminar bajo la luz del sol. Pero, como Droctulft, el bárbaro, yo iba por mi nuevo hogar sin comprender una palabra, sin poder descifrar sus símbolos, encandilado por su reluciente presencia, por su compleja y brillante verticalidad.

Una de mis primeras memorias de mi vida en Chicago es un paseo al centro comercial con uno de mis primos. Me dijo que tenía que comprar unos zapatos nuevos. Su hija de siete años nos acompañó. Al llegar a nuestro destino, me di cuenta por qué: ella sería su intérprete, pues él era incapaz de comunicarse siquiera al más básico nivel que le hubiera permitido pedir un determinado par de zapatos en cierto número y color: 8 ½ o 9, café o negro. Fue en ese momento en el que decidí que eso no iba a ocurrirme a mí: si yo iba a hacer de este mi nuevo hogar, entonces no podía depender de la caridad lingüística de otras personas para llevar a cabo actividades tan elementales como comprar un nuevo par de zapatos.

En ese entonces, sin un buen dominio del inglés, yo era solo un bulto de carne y huesos al que le faltaba el aliento de la vida. Existía solo a medias. El efecto que yo tenía en los demás no era más profundo que el de un mueble, un semáforo, una banca de un parque. No tenía voz en mi nuevo hogar. Era, más bien, como si aún no hubiera nacido.

Así, gracias a una poderosa necesidad de existir, me di cuenta, de una manera muy cartesiana, de que primero debía hablar, y solo entonces podría ser.

En sus disquisiciones sobre el origen del lenguaje, Charles Darwin concluyó que los primeros humanos lo usaron para cortejar a las hembras, seduciéndolas con fines reproductivos. Si ese era el caso, yo estaba más que dispuesto a cortejar al idioma inglés, a decirle ternezas y bailar a su alrededor hasta que pudiera poseerlo. Mi nuevo idioma, concluí, me guiaría fuera de la oscuridad. Sería una antorcha que me iluminaría hasta dejar las sombras del anonimato y llegar a la luz del día.

Yo estaba dispuesto a aprender inglés, así que investigué dónde podía inscribirme a clases. Cuando me informaron de un lugar cercano, me inscribí y, después de algunos meses de haber llegado a Chicago, comencé a ir a clases todas las mañanas y estaba tan entusiasmado que yo era el primero en llegar al salón de clases, incluso antes que los maestros.

Es obvio que aprender inglés era algo importante para mí. Era una señal de mi temprano deseo de volverme parte de esta sociedad y mi primer paso en la dirección correcta. Pero había cosas que no podía saber ni anticipar en ese momento. Por ejemplo, si es que un adulto puede o no reproducir los nuevos sonidos que escucha a sus alrededores. Después me di cuenta de que una de las desventajas de aprender un idioma cuando ya se es adulto es que nuestra lengua se ha vuelto rígida. La maestría de un nuevo idioma requiere que la lengua sea elástica: requiere una lengua activa y vivaz. Y la mía, ahora, se ha vuelto robótica y lánguida.

Un desafortunado encuentro me lo comprobó. Una mañana de viernes, solo semanas después de haber iniciado mis clases de inglés, me detuvo un oficial de tránsito. Yo sabía cuál era el problema, una direccional rota, y tenía planes de arreglarla ese fin de semana. Cuando el oficial me preguntó si sabía por qué me había detenido, traté de explicarle, pero no poseía el vocabulario necesario, así que dije, "Lles, da directionals no guork." El oficial mostró simpatía y me pidió que lo repitiera de nuevo, así que lo intenté. Dije, "Da directionals…" El oficial pareció estar confundido. Después de un par de intentos más, su rostro comenzó a transformarse. Se puso, obviamente, exasperado. Se veía irritado. Decidido a detener la continua masacre de su lengua, por fin me preguntó, "¿Por qué no aprendes inglés?" Poco después me dejó irme sin la multa y yo me dirigí a mis clases de inglés donde me rehusé a hablar durante todo el día.

Cuando comencé a estudiar inglés, a los veinte años de edad, mis hábitos vocales ya estaban formados. El nuevo prospecto era emocionante, pero para una lengua acostumbrada al flujo y reflujo de otras profundidades, los giros y remolinos de un nuevo idioma eran, y son, retos difíciles de remontar. En mi nuevo idioma la lengua se me traba. Emito sonidos rechinantes. No importa qué tanto ame el idioma inglés, sus sonidos guturales, sus zumbidos, la mordida del labio inferior, la vibración de la lengua, la riqueza oral que se vierte como miel de las bocas de otros, todo eso está más allá de mis habilidades lingüísticas. Y el hecho de que pueda quejarme por escrito, no me trae consuelo alguno.

Debido a que mi contacto con el inglés se dio a una edad ya bastante avanzada, ahora comprendo que aprender a hablarlo a la perfección no podía ser un objetivo realista. A los 20 años, cuando comencé a tomar clases de inglés, ya no podía diferenciar sonidos nuevos y muchas veces, incluso ahora, cuando me encuentro con nuevas palabras, mi instinto es pronunciarlas de acuerdo a como están escritas, ignorando que el idioma inglés tiene una infinidad de excepciones a esa regla y muchos sonidos que, para un hispano hablante, simplemente no existen. Me refiero a palabras como "Manmouth", "Monmath", Manmanthe". Ustedes, que son estudiantes de la universidad que lleva este nombre, seguro que entienden mi dilema.

Soledad

Les he hablado de mi decisión de aprender inglés en 1993, y de algunas de las dificultades con las que me atravesé al emprender esta ruta. Ahora, avancemos muchos, muchos años, hasta alrededor del 2007. Para entonces, ya he aprendido inglés, terminado la preparatoria abierta, cursado una licenciatura, un posgrado, y me encuentro desempeñándome como traductor profesional. Trabajo en una cómoda oficina con aire acondicionado. Me pongo corbata. Soy dueño de un departamento a unos pasos del Lago Michigan. Es la primera vez que tengo un empleo profesional, con prestaciones, que incluyen vacaciones pagadas, lo cual es algo sin precedentes en mi vida. ¿Qué más podría pedirle yo a los Estados Unidos? Yo, que una noche me había colado por la puerta trasera, podía ahora disfrutar de los beneficios reservados para los ciudadanos estadounidenses de primera clase.

Aunque, por supuesto, yo no tenía ilusiones ni planes de ir a ninguna parte. Después de todo, no contar con documentación legal implica también falta de movilidad. Yo siempre estuve consciente de eso, y hubiese estado contento de poder permanecer en Chicago, tal y como lo había hecho desde mi llegada a la ciudad 14 años antes. No obstante, al volverme un profesionista, me volví también parte de la clase media. Y me di cuenta de que uno de los temas de conversación frecuentes de mis colegas en la oficina era el de las vacaciones. Antes de eso, yo había pasado muchos años trabajando en un restaurante, donde la mayoría de los empleados eran también indocumentados. Así que las conversaciones casuales acerca de las vacaciones, sobre todo acerca de las vacaciones *en el extranjero*, me resultaban completamente ajenas. Expresiones como aterrizaje, conexiones, vuelos perdidos y millas de viajero frecuente eran un misterio para mí.

Debido a que mis nuevos compañeros en la oficina no tenían idea de mi estatus migratorio, era obvio que no sabían que me era imposible viajar. Pero eso no era algo que yo pudiera revelarles. Así que durante mis dos primeros años de empleo, cuando alguien me preguntaba a dónde iría de vacaciones, yo simplemente respondía que a ningún lado. Les decía que estaba planeando un extenso viaje a Europa, pero que necesitaba acumular más tiempo de vacaciones, ahorrar dinero, planearlo bien. Y eso tomaría un par de años. De esta forma, los primeros dos años transcurrieron sin problema alguno. No obstante, llegado el tercer año, mis compañeros comenzaron a sospechar. Las preguntas se volvieron cada vez más y más frecuentes. Querían saber dónde aterrizaría, ¿en París o en Londres? ¿Estaba planeando un viaje más corto durante el verano?

Por esa época, Michael, un colega, invitó a la gente de la oficina a su casa. Fue una cena muy agradable. Él y su esposa viajan con fre-

PARTE II. El cambio por venir

cuencia. Admiré y envidié su colección de fotografías. Se extiende a lo largo y ancho del mundo: de Jerusalén a Santo Domingo. Mientras me mostraba las fotos de su más reciente viaje a Río de Janeiro, me preguntó cómo iban mis planes para ir a Europa. ¿Cuánto tiempo llevaba sin ir a México? ¿Por qué no me unía a ellos y a un grupo a su próximo viaje a Yellowstone? Todavía faltaba mes y medio para esa fecha, así que había tiempo suficiente para planearlo y encontrar boletos para el mismo vuelo.

Claro, yo te digo luego, le respondí con una amplia sonrisa.

Para el año siguiente ya había acumulado suficientes días y se me habían terminado las excusas para no salir de vacaciones, así que me las inventé. Le respondí a quienes me preguntaban que a principios de enero iría a visitar a mi familia en México y que me quedaría allá dos semanas.

No fui a ninguna parte. Durante una semana entera me quedé en la casa, vestido para el invierno y feliz de no tener que salir al frío polar que azotaba a Chicago por esos días. No obstante, cuando llegó el domingo, la ciudad experimentó una insólita y alta temperatura. Decidí salir, pero necesitaba esconderme de mis colegas, muchos de los cuales viven en mi vecindario, y con los que me encuentro los fines de semana cuando paseo por la Avenida Michigan.

Necesitaba un plan. Así que, como si persistiera el frío, me envolví antes de salir de casa. Me puse una sudadera con capucha, un gorro invernal, un abrigo viejo y muy caliente que nunca uso. Me enrollé la más gruesa de mis bufandas alrededor del cuello. Me ocultaba media cara y la nariz, dejando solo mis ojos sin tapar. *Nadie* me podría reconocer así. Podía pararme al lado de cualquiera de mis colegas y no sabrían que esa persona era yo. Para probarlo, deseaba toparme con alguno. Con todas mis capas de ropa caminaría frente a ellos, de ida y vuelta, con pasos pequeños y pesados, brinquitos, con mi traje como de astronauta.

¡Mis vacaciones! Me sirvieron solo para acentuar mi soledad, para recordarme mi ilegalidad, para oprimirme todavía más.

Un grupo de altos y jóvenes atletas iban paseando por la Avenida Michigan vestidos solo con shorts y sudaderas ligeras. Uno de ellos me miró. Y, como un gigante juguetón y pueril, me apuntó con el índice y se rió con fuerza. Con un tono adolescente y agudo, dijo algo en cuchicheos, burlándose de mí. Me sentí sumamente avergonzado y comencé a sudar más copiosamente debajo de mis ropas invernales.

Un extranjero entre ustedes

Hasta ahora, he hablado acerca de dos momentos que han marcado el curso de mi vida en este país: 1) mi necesidad de comunicarme independientemente con la sociedad, y 2) mi necesidad de ocultarme de las personas cercanas a mí, incluso mis compañeros de trabajo. Esta realidad dual, que no es nada raro en el caso de personas en una situación como la mía, tuvo un impacto muy profundo en mí. Tanto así que llegué a convertirme en una criatura híbrida de oscuridad y esperanza, una que logra arañar las alturas de la prosperidad, pero que permanece enraizada permanentemente en la desgracia.

Si estos dos extremos del espectro de mi experiencia parecen ser mutuamente excluyentes, es porque así lo son. Pero existe otro componente de mi experiencia que me ha permitido unir esos dos extremos: mi educación universitaria. Es gracias a una conversación como esta que hoy puedo presentarme aquí y ofrecer esta charla. Fue solo gracias a que un día tuve la oportunidad de sentarme en un aula de un community college donde se debatían ideas que cuestionaban la naturaleza de la realidad. Fue, repito, gracias a eso que, muchos años después, yo mismo estaría en posición de articular mi dilema particular en una narrativa de esperanza y desengaño, y la cual se encuentra en mi libro *Ilegal*.

Pero, ¿a qué viene todo esto? Comparto esto con ustedes porque, incluso si la mayoría de ustedes apenas han ingresado a la universidad y todavía no pueden darse cuenta de ello, algunas de las leccio-

126

nes que están a punto de aprender, algunos de los libros que están a punto de leer durante su vida universitaria, van a cuestionar o confirmar la manera en la que entienden el mundo y la manera en la que se relacionan con la gente en sus entornos. Pero, y esto es incluso más importante: esos libros les ayudarán a entender su lugar individual en el mundo y los valores que ustedes a él le aportan. Después de todo, aunque resulte difícil creerlo, llegará un momento en el que cada uno de ustedes en sus respectivos campos tendrá que tomar decisiones que impactarán la vida de otras personas. Dichas decisiones serán de naturaleza moral o ética o social o económica, pero apelarán siempre a la dimensión superior de su humanidad. Algunas de las decisiones que ustedes tomen cuando formen parte del mundo profesional tendrán importantes repercusiones sociales. Sus decisiones podrían incluso determinar lo que ocurra conmigo en el futuro, después de haber vivido en este país por más años de los que muchos de ustedes han vivido en este mundo; sus decisiones podrían afectar lo que ocurre con mi esposa, cuya historia familiar en este país se extiende más de 250 años y sus acciones incluso podrían decidir lo que pasa con toda una generación de niños nacidos en este país, incluyendo a mi propia hija.

Lo repito: las decisiones que tomen se reflejarán necesariamente en la sociedad en la que elijan vivir en el futuro. Es posible que todavía no sepan cuál será su papel en la sociedad. Yo ciertamente no lo sabía cuando cursé la universidad. Asimismo, tampoco podía imaginar, hace 24 años, cuando decidí atravesar la frontera, que alguna vez tendría el honor de estar aquí, hablando con ustedes desde la perspectiva de un extranjero. Pero, a parecer suyo, ¿soy un extranjero? De ser así, ¿por qué? Fue quizá pensando de manera inconsciente acerca de este tema que decidí escribir *Ilegal*, que no es más que el esfuerzo de un individuo por usar el idioma que aprendió ya como adulto para tratar de articular un problema social muy complejo y mal entendido. Me refiero al problema en el que todos nosotros participamos: la labor de la población indocumentada de este país.

En algunas ocasiones, cuando se me invita a compartir mi experiencia como indocumentado en diferentes comunidades, con frecuencia me confunde el grado de ideas falsas con las que me encuentro. Un caballero de la tercera edad se levanta de su asiento y me exige que le dé un buen pinche motivo para no llamarle a la policía en ese mismo momento. Pero entonces no podríamos entablar esta conversación, le contesto.

Estoy al tanto de la importancia de nuestra conversación. Ese breve intercambio entre nosotros tiene ya un gran valor: con el simple hecho de poder discutir, mantenemos viva la tradición del cabildo abierto, la cual algunos observadores consideran uno de los principales pilares de la democracia estadounidense. Es obvio que nuestras motivaciones son diferentes: el hombre está decidido a hacer valer el estado de derecho, mientras que yo me veo obligado a defender mi humanidad. Él insiste en que la gente como yo hace que baje el salario de los trabajadores estadounidenses; yo le contesto que nosotros hacemos posible que los estadounidenses tengan un estilo de vida cómodo y asequible. Agrego que, como jubilado, él debería ser un aliado de los indocumentados, puesto que la Administración del Seguro Social ha retenido $100 mil millones de nuestra paga por concepto de impuestos tan solo durante la última década. Se mantiene escéptico; en su versión de los Estados Unidos no cabe la idea de que un delincuente esté financiando su jubilación.

Uno de los motivos por los que escribí este libro fue para rectificar la errónea noción de que nosotros, los indocumentados, somos extranjeros entre ustedes, cuando en realidad no es así. Convivimos con ustedes a lo largo del día, todos los días del año. Si ponen atención, podrán vernos desde temprano por la mañana, en las frutas y las bayas que consumen con su desayuno. O en las tardes, a la hora del almuerzo, en distintos restaurantes. O durante algunas de las celebraciones más solemnes del año, como el Día de Acción de Gracias, a la hora de rebanar el pavo que muy probablemente ha sido criado por inmigrantes indocumentados, o la próxima vez que encajen el colmillo en una roja manzana de una huerta de Washington, o al estar viendo un partido de fútbol americano y comiendo pizza: todas esas son industrias donde los indocumentados laboran y se esfuerzan para que todos nosotros podamos contar con los bienes y servicios necesarios para el funcionamiento adecuado de esta sociedad, una sociedad que se rehúsa todavía a reconocer el papel esencial del indocumentado, una sociedad que todavía no ha podido encontrar el coraje y la integridad moral de conceder los derechos humanos más básicos a 11 millones de sus habitantes.

Comprendo lo complicado del problema, como también comprendo las pasiones que éste incita. No obstante, mientras este mediocre sistema político decide qué hacer con nosotros, y a pesar de la hipocresía y la tóxica retórica proveniente de Washington DC, el trabajo y las contribuciones de los indocumentados continúa hoy en granjas lecheras y restaurantes y fábricas en todo el país, o en la capilla de una universidad de artes liberales en una zona rural de Illinois, porque no somos ni extranjeros ni extraños a esta sociedad ni a su estilo de vida.

Lo cual me lleva de regreso a mis preguntas iniciales: ¿me escuchan? ¿me entienden?

Discurso Inaugural ("Convocation") pronunciado en la Facultad de Artes Liberales de la Universidad Monmouth College, en Monmouth, Illinois, el 19 de octubre, al inicio del año escolar 2017-2018. 卐

La paradoja del paria indispensable

Recuerdo la noche, la distancia, la gran extensión de colinas y valles entre Tijuana y San Diego, la cual es larga. Muy larga. Una extensión que es igualmente bella y traidora. Es poco probable que cualquiera que la haya cruzado pueda olvidarla. Su paisaje desértico queda grabado en el cuerpo y el alma. Una vez que este terreno se ha recorrido, la fatiga, el asombro y el terror que se experimentan por estos senderos se convierten en recuerdos permanentes. A algunos los laceran los cactus, sutiles heridas que luego cicatrizan. Otros sucumben momentáneamente bajo el cielo, la cantidad de estrellas, la hondura de la noche. Algunos se quedan atrás y pasan a formar parte del paisaje.

Recuerdo esa noche como la primera excursión de mi vida. Fue también mi primera visión de un cielo tan vasto, mi primera comunión con el infinito. Es probable que Immanuel Kant, perplejo, haya concebido su dialéctica entre los distantes cielos estrellados y la interna ley moral bajo un cielo igual de claro y reluciente. Yo, que entonces carecía de toda intuición filosófica, quedé fascinado ante aquel misterio visual, y deseaba detenerme un momento y contemplar ese fragmento de galaxia, quizá tratar de alcanzarlo. Pero el coyote tenía otros planes, así que seguimos adelante.

Hay una pausa momentánea cuando, desde una colina cercana, una serie de luces se enciende simultáneamente. Algunas vienen de camiones estacionados a nivel del suelo. Otras descienden, titilando rápidamente, como una furiosa lluvia de estrellas fugaces. Van detrás de un grupo de desafortunadas almas para quienes el sueño americano ha llegado a un prematuro fin. En mi grupo, el coyote gesticula violentamente y señala hacia el suelo. Me tiro boca abajo y me arrastro dentro de un angosto espacio entre una gran piedra y un arbusto espinoso. Siento el filo de una piedra apuñalándome el estómago. Jadeo con fuerza y temo que mi respiración atraiga una serpiente de cascabel. Y ahí nos escondemos y esperamos.

Eventualmente descendemos de nuevo y me alegro al oír al coyote decir: "¡Ya estuvo, ya la hicimos!" Lo escucho, siento alivio y me uno al entusiasmo colectivo. La gente dice: "¡Órale!", "¡Chido!" y "¡Ya chingamos!", pero yo todavía no comprendo cómo es que ya la hicimos. Este valle se ve tan desierto como el que acabamos de dejar atrás. Al llegar a la falda de la siguiente colina, el coyote saca su linterna y, con su majestuosa mano derecha, apunta con ella. Entonces veo el milagro de este Moisés azteca, cuya promesa es librarnos de la opresión del jaguar, materializarse frente a mí: un oscuro círculo se abre, como una surrealista y desdentada boca que amenaza con devorarnos.

Si el otro grupo hubiera llegado hasta aquí, la migra nunca los hubiera alcanzado. Ningún migra se atrevería a entrar en esa tubería. Nadie con un mínimo de dignidad humana lo haría, así que abandonamos la nuestra y avanzamos. Entramos al oscuro agujero cilíndrico, y me digo a mí mismo, así que esto es, esto es lo que significa haberla hecho. La tubería tiene como metro y medio de altura. Nos inclinamos y entramos en los inmundos intestinos de San Diego, donde las ratas tienen su morada y los humanos son invasores indeseables. El aire en el interior está húmedo y pesado, y un hedor penetrante lo invade. Abro los brazos para buscar apoyo en las paredes internas de la tubería. Mis manos se sienten húmedas y pegajosas. Me siento impotente. Enmudecido por el sonido constante de los zapatos que chocan contra el metal, sollozo calladamente. En camino a ofrecer un viaje psicodélico a aquellos que calumnian mi viaje, los cargamentos de drogas que avanzan en esta misma dirección son transportados de una forma más humanitaria e higiénica. La humillación que experimento es tan profunda que me prometo que, si me llegan a atrapar algún día, no intentaré cruzar de nuevo. Eventualmente, la oscuridad termina. Salimos del largo túnel y, uno a uno nos colapsamos todos en el suelo. Estoy agotado y siento náuseas. Me duele la espalda y me pregunto si alguna vez podré pararme rectamente otra vez.

Todavía sigo tratando de pararme rectamente, de recuperar mi dignidad perdida. Fue Baruch Spinoza quien alguna vez dijo que la esta misma es la base de la libertad. Veinticinco años después de haber atravesado la frontera e ingresado en la llamada tierra de los libres, sigo todavía buscando esa mítica libertad. Ustedes que me ven y escuchan, ¿la han visto?

Yo sigo buscándola, pero se me escapa siempre, como una bestia resbalosa que no se deja atrapar. Primero, tenía la idea de que aprender inglés me daría un cierto grado de anonimidad, es decir, que, al hablar su idioma, podría hacerme pasar por uno de ustedes, así que me inscribí en clases de ESL. Después, mis libros de GED me hicieron soñar: de la misma manera que otras generaciones de inmigrantes, mi historia algún día sería parte de la narrativa estadounidense. Mucho después, se me ocurrió que ir a la universidad me ayudaría a estar mejor preparado para mi eventual integración. Luego pensé que cursar una maestría definitivamente me ayudaría a lograr una asimilación plena. Y ahora que estoy a punto de concluir un programa de doctorado, me parece que quizá esta larga jornada no ha sido más que una ilusión. Por citar un conocido texto, me parece que mi búsqueda de libertad no es más que vanidad y aflicción de espíritu.

Quizá todo esto parezca muy abstracto, pero les aseguro que no es así. En mi búsqueda de libertad, he recorrido esta gran ciudad de Chicago, de un extremo a otro. La conozco al derecho y al revés, desde la última calle colindando con el suburbio de Blue Island en el sur, hasta la Calle Howard en el norte, desde la carretera Lake Shore Drive en el este, hasta el aeropuerto O'Hare en el oeste. Y, aún así, le sigo siendo ajeno a esta hermosa urbe. Después de un cuarto de siglo, habito todavía en sus periferias, no en el sentido físico, sino en el sentido legal. Por lo tanto, no soy diferente, ni quisiera que se me considerara diferente a los cientos, quizá miles de personas que trabajan aquí mismo, a lo largo de la Milla Magnífica, tendiendo camas en hoteles, preparando alimentos en restaurantes y limpiando oficinas. Personas cuyo trabajo es un componente esencial de la vibrante economía de esta ciudad y a quienes se les sigue considerando delincuentes, al igual que a mí. Pensemos en eso por un minuto, en la paradoja del paria indispensable.

Es posible que algunos de ustedes se estén preguntando en este momento, ¿cómo es posible que, después de tanto tiempo, sigas en esta situación? Esa es una pregunta que puede complicarse aún más si comparto con ustedes que he estado casado con una ciudadana estadounidense por casi ocho años, y que juntos tenemos una hija de seis años de edad. Y su pregunta sería bastante razonable. De hecho, si antes de partir de mi nativa Guadalajara alguien me hubiese dicho que después de 25 años de vivir en Chicago seguiría siendo un inmigrante indocumentado, ni yo mismo lo hubiera creído. Pero si alguien más me hubiera dicho que algún día estaría pronunciando un discurso en una sala repleta de una prestigiosa universidad en el centro de Chicago en un idioma que no es el mío acerca de un problema que no solo afecta a nuestras respectivas sociedades, sino a todo el mundo, tampoco le hubiera creído. Y, no obstante, ambas cosas son verdad: soy una persona que ha pasado la mayor parte de su vida viviendo en las sombras y, al mismo tiempo, una persona que ha encontrado un cierto grado de redención escribiendo y hablando acerca de uno de los principales problemas de la sociedad contemporánea: el problema de los movimientos masivos de personas en todo el mundo; en específico, el problema de la inmigración indocumentada.

Llegué a Chicago en 1993, a los 19 años de edad, sin más que una precaria educación secundaria y sin hablar inglés. Estaba cumpliendo las expectativas, cumpliendo con el papel de un joven mexicano de clase obrera. De la misma manera que para muchos de ustedes aquí presentes obtener una licencia de conducir o mudarse de la casa de sus padres representan un rito de iniciación, asimismo desaparecer en la infinita noche estadounidense representaba mi propio rito de iniciación. Estaba siguiendo los pasos de mis familiares, de mis tíos maternos. Era esa una arraigada tradición para una persona de mi extracción social. Yo sabía, desde una edad muy temprana, que llegaría el día en el que atravesaría la frontera y me materializaría en esta ciudad a fin de ofrecer mis servicios. Vendría dispuesto a trabajar con mi cuerpo, a invertir el vigor de mi juventud arrodillado, restregando salpicados inodoros ajenos.

Pero debido a que las cosas cambian, y debido a que vivimos en un mundo posmoderno donde, de acuerdo con Lyotard, todas las grandes narrativas han llegado a su fin, en lugar de estar destinado a desempeñar trabajos manuales y llevar una existencia clandestina por el resto de mi vida, me encuentro aquí esta noche. El objetivo de mi charla en este recinto es tratar de ilustrar un problema lleno de complejidades y malentendidos, un problema ocasionado por políticas mal informadas, un problema que con frecuencia, con demasiada frecuencia, se aprecia tan solo a través del prisma de la pasión, del nativismo y del prejuicio.

Quizá no sea coincidencia que, en el discurso sobre la inmigración indocumentada, uno de los elementos que los conservadores comúnmente omiten es también una de las mayores virtudes de este país: su inherente poder de transformación. Cuando dejé mi país, estaba convencido que venía en busca de riquezas, pero eventualmente me encontré con los libros, con bibliotecas e instituciones de educación superior. Y algunos de los libros con los que me atravesé me mostraron a los Estados Unidos como el epicentro del cambio social y humano. Aprendí que este es un país con la capacidad de cuestionarse, de reinventarse, incluso si esto implica un confrontamiento continuo, o quizá gracias a él. Leí historia estadounidense, e indagando detenidamente en algunos de sus más oscuros capítulos, me sentí profundamente conmocionado y perturbado. Pero luego descubrí las obras de Frederick Douglass y W.E.B. DuBois y Ralph Ellison, así como el estoicismo del espíritu afroamericano y el supremo acto de generosidad y compasión expresado en su tradición musical, una tradición forjada bajo circunstancias adversas y extremas. Y todo esto

135

me dio motivo para creer que lo mejor de la humanidad todavía está por venir y que la adversidad puede impulsarnos a crecer y madurar y elevarnos hasta alturas sin precedentes.

Fui invitado a esta universidad para hablar sobre mi experiencia como inmigrante indocumentado. Pero quiero también aprovechar esta oportunidad para rendirle tributo a su tradición. Veo esta audiencia y me imagino a cada uno de ustedes como una parte integral de esa continua transformación a la que anteriormente me refería. Octavio Paz, el gran pensador mexicano y poeta inspirado, hubiese visto en cada uno de ustedes la encarnación de la tradición de la ruptura. En el caso de la tradición jesuita, dicha ruptura adquiere la forma de una comunidad compasiva dispuesta a confrontar a los poderes hegemónicos, alterando las narrativas dominantes con el fin de intervenir por los pobres y los desposeídos. Esa es una idea que me ha estado rondando la cabeza desde que aprendí acerca de esta escuela particular y acerca del padre Pedro Arrupe, cuya vida y obra estuvieron completamente dedicadas a las personas más necesitadas, a las personas que, como yo, habitan en las periferias de la sociedad.

Esta es una filosofía consistente con la larga tradición jesuita de abogar por los más necesitados y participar en los movimientos de justicia social, lo cual, en siglos anteriores, los ha sometido a ustedes, como institución, a la expulsión de países como España y México. Y no obstante, por un irónico giro del destino, nos encontramos aquí hoy, en un hogar jesuita con el nombre de un sacerdote español, un hogar que le abre sus puertas, acepta y protege a los más recientes expulsados de México: sus propios niños. Tres países, los Estados Unidos, España y México, que han estado en guerra el uno con el otro y que hoy, en la Escuela Arrupe de la Universidad de Loyola, se unen con una muy diferente misión: no una misión de conquistar y explotar a un pueblo, sino de liberar sus mentes y enriquecer su espíritu.

La tradición jesuita tiene una tradición de lucha y recuperación, una historia dedicada a nutrir el espíritu con el fin de estimular el intelecto y volverlo acción social. Y es gracias a eso que, a mi parecer, al menos una pequeña porción de la humanidad está en mejores condiciones.

Creo que esto es probablemente verdad en cuanto a la humanidad representada aquí esta noche: me refiero, en específico, a esta nueva generación que ahora se educa en este recinto. De la misma manera que en el caso de sus ancestros jesuitas, al igual que en mi propio caso, me imagino que algunos de los estudiantes a los que ustedes dedican su tiempo son producto del desarraigo, del desplazamiento, de la expulsión provocada por las fuerzas económicas que se preocupan tan solo por el crecimiento y los resultados, pero *nunca* por la dimensión superior de nuestra humanidad.

Por lo tanto, al dirigirme a cada uno de ustedes, estudiantes a quienes se les ha permitido ingresar a este recinto y sentarse en sus aulas, mi deseo es que puedan valorar la oportunidad que se les ha brindado. Si su historia se parece, por lo menos un poco, a la mía, entonces lo más probable es que ustedes sean las primeras personas en toda la historia de sus familias en tener la oportunidad de acudir a la universidad. Después de todo, en el lugar de donde algunos de nosotros provenimos, una educación de primera clase como la que están recibiendo aquí está reservada para los miembros más acaudalados y poderosos de la sociedad. Pensemos en eso por un minuto.

Pero no soy ingenuo. No engañaré a aquellos que estén en una situación similar a la mía diciéndoles que una educación universitaria les resolverá su estatus migratorio. Es claro que no ha resuelto el mío. Lo que sí puedo decirles es que, incluso dadas todas las restricciones con las que nos atravesamos de manera cotidiana, una educación universitaria les ayudará a estar mejor preparados para enfrentar la vida, ya sea en este país o en algún otro. La posición en la que algunos de ustedes se encuentran, la posición en la que yo mismo me encuentro, no es ideal, y puede causar ansiedad y exasperación y depresión. Y, sin embargo, en mi caso, es precisamente cuando me encuentro en momentos como este que el papel de la educación superior en mi vida se vuelve evidente y me proporciona alivio.

Cuando mi ilegalidad se vuelve particularmente difícil, regreso a los libros que leí en la universidad. Uno de los autores a cuyas ideas regreso con frecuencia es Epicteto, el antiguo filósofo romano. De acuerdo con Epicteto, existen dos tipos de cosas en el mundo, las que podemos controlar y las que no podemos controlar. Por ejemplo, es posible que yo no pueda hacer nada si ICE decide detenerme, pero puedo elegir *cómo* responder a mi detención. Y ese es, en breve, el principio básico del estoicismo, una filosofía que me ha ayudado a lidiar con tiempos difíciles.

Menciono el estoicismo porque, en mi opinión, esa tradición filosófica es prueba de que la educación superior significa mucho más que simplemente adquirir las habilidades técnicas requeridas para conseguir un trabajo bien pagado: la educación superior puede volverse el cimiento mismo del carácter y la humanidad de una persona. También lo menciono porque estoy convencido que uno tiene que ser muy estoico para mantener su cordura en tiempos como este. El estoicismo es la filosofía que yo encontré, pero lo importante es que cada uno de ustedes se arraigue en su propia tradición espiritual.

Por último, ya que he estado hablando de la tradición y la ruptura y la adversidad, me gustaría concluir mi charla esta noche con un par de comentarios acerca de la narrativa tradicional estadounidense que pregona que no importa quién sea uno ni de dónde provenga: si uno se esfuerza lo suficiente, eventualmente saldrá adelante. A mi parecer, esa ya no es una narrativa válida, o quizá nunca lo ha sido para muchas personas, para grandes sectores de la sociedad. El llamado sueño americano de antaño ya no es viable para muchos de nosotros *precisamente* en base a quienes somos y el lugar de donde venimos. La nuestra no es la típica y ejemplar historia que va de la pobreza a la riqueza: la nuestra es una historia de adversidad y resistencia perpetuas. Es una vida de incertidumbre que dista mucho de ser idónea, pero es la vida que nos tocó vivir, la vida que hemos elegido o que se nos ha asignado. Y, hasta que Washington DC no decida aprobar una legislación sensata que aborde el tema de la inmigración, este limbo seguirá siendo nuestro hogar y debemos encontrar la manera de sacarle provecho.

Afortunadamente, para todos ustedes que tienen la oportunidad de acudir a esta fabulosa y generosa institución, pueden contar con el apoyo de todo un ejército de profesores y mentores y personal dedicados a su crecimiento tanto intelectual como espiritual. Y esta oportunidad que la Escuela Arrupe les ofrece es precisamente lo que todo padre desearía para sus hijos: acceso a una educación de calidad. Mi deseo para ustedes es que comprendan este momento, esta coyuntura, y que se vean a sí mismos como hacedores de historia, tanto al interior de sus respectivos hogares como en la sociedad misma. Después de todo, como lo comenté anteriormente, nos encontramos en un momento de transición, y las narrativas de generaciones anteriores ya no nos sirven. Immanuel Kant alguna vez escribió que la mente humana tiene una necesidad inherente de imponer orden en el universo. Quizá ese sea el objetivo único de la educación: enseñarnos a realinear los astros. Dicho de otra forma: escribir nuestra propia narrativa.

Las herramientas y las lecciones que recibirán aquí tienen el potencial de lograr esto. Pero, por sí solas, es poco lo que pueden hacer. De la misma manera que el objetivo de un libro solo se logra una vez que el lector le confiere sentido, asimismo la educación que ustedes están por recibir en esta universidad no tendrá sentido sino hasta que la apliquen al mundo y, al hacerlo, realineen las constelaciones sociales en su entorno. Cada uno de ustedes posee una perspectiva única, un punto de vista muy particular que a nadie más pertenece; cada uno de ustedes tiene un lugar especial en la sociedad. Encuéntrenlo. No renuncien a él. Séanle fieles. Tengan el coraje de ser sus personas más genuinas, y el mundo entero se rendirá ante ustedes.

Discurso pronunciado en el marco de la serie de autores invitados ("Speaker Series") del Arrupe College de la Universidad de Loyola en Chicago, Water Tower Campus, 23 de marzo de 2018. 医

Voz y pertenencia

Es un verdadero honor recibir el Premio Inaugural al Intelectual Público otorgado por el Centro de Investigaciones de Estudios Latinos de la Universidad de DePaul. Sobre todo le estoy sumamente agradecido al doctor Juan Mora Torres, historiador y cronista de la comunidad mexicana de Chicago, por haberme nominado.

Este reconocimiento es particularmente importante debido al papel clave que la Universidad de DePaul desempeña en temas relacionados con la justicia social en Chicago. He podido observar el trabajo docente que ustedes hacen aquí, los valores que fomentan y el impacto que tienen en los alumnos. Las veces que he tenido la oportunidad de compartir mi experiencia en sus aulas, he podido ver la indignación en el rostro de los alumnos, la frustración ante lo que parece ser un reto insuperable: la legalización de 11 millones de personas. Dicho de otra forma, sus estudiantes han interiorizado "la preocupación especial por los más desfavorecidos", la cual es una de las misiones de la Universidad de DePaul. Pero también he podido observar el compromiso y el trabajo que sus egresados hacen en sus respectivos campos profesionales. Entre ellos, por ejemplo, destaca un joven periodista que investiga temas relacionados con el crimen, la impunidad y la continua tragedia que los mexicanos siguen experimentando a manos tanto de su gobierno como del narcotráfico, que a menudo son la misma cosa.

Y es por eso que recibir este reconocimiento me resulta particularmente importante, ya que tanto la lucha por la justicia social como la lucha por pertenecer en una ciudad como Chicago permean mi vida entera, desde el momento que me levanto en las mañanas hasta en las noches, cuando no puedo conciliar el sueño, pensando en qué me depara el futuro, si es que podré permanecer en el país de origen de mis dos pequeñas hijas y mi esposa. Dicho de otra forma, me inquieta saber si, incluso después de las recientes elecciones presidenciales, por fin podré ser parte del tejido social de este país o si, como ha ocurrido con tantos de mis compatriotas, llegará el día en el que seré expulsado de esta realidad socioeconómica, arrancado súbitamente del lugar donde he aprendido el valor de la independencia personal, de la autocrítica, el lugar que me permitió reanudar la educación formal, el lugar donde me convertí en esposo y padre. ¿Este nuevo presidente tendrá el valor de revertir las medidas que él mismo votó por implementar en una ley que data de 1996 y que ha hecho prácticamente imposible que personas como yo, casado con una mujer cuya familia ha vivido en la región del Medio Oeste por más de dos siglos y medio, podamos mantener a nuestras familias unidas? Esta realidad, este sentido de orfandad, ha regido la mayor parte de mi vida, y eso es precisamente de lo que me gustaría hablar con ustedes el día de hoy: de mi trayecto hasta Chicago y mi vida en la región del Medio Oeste por aproximadamente 30 años.

Mi historia comienza una soleada tarde, a los 19 años de edad. Me despedí de mi madre con un beso en la terminal de autobuses y me embarqué en un mar de asfalto: un viaje de 36 horas de Guadalajara a Tijuana. Estaba en camino a asumir mi destino, a celebrar mi rito de iniciación y asumir los riesgos y obligaciones de todo adulto de mi extracción social. El canto de la sirena me había seducido: me estaba tentando a alejarme de un sitio corroído por la pobreza y dirigirme a una tierra de riqueza ilimitada.

Llegué a los Estados Unidos esperando encontrar el país que había crecido viendo en la televisión: las enormes casas suburbanas, sus anchos jardines. En específico, quería ver los imponentes rascacielos de Chicago. Recuerdo cómo muy de niño en casa una foto de un familiar posando con la Torre Sears en el fondo había alimentado continuamente mi imaginación con salvajes ideas de prosperidad urbana.

142

Pero lo que encontré fue tan distinto a la fantasía que había imaginado, que me pareció que había llegado a vivir en una realidad paralela y subterránea. En lugar de pasearme por el centro de la ciudad admirando los rascacielos, me encontré viviendo en sótanos olorosos a moho en los suburbios del sur de Chicago, haciendo trabajos ínfimos, incapaz de realizar algo tan elemental como comunicarme en la sociedad general y participar en ella. Me encontré confinado a la compañía de otros inmigrantes cuyas vidas, por muchos años ya, se habían limitado a esa misma experiencia subterránea, ese inframundo que, paradójicamente, parecía brindarles mucho alivio. Todo esto me sugirió que era solo ahí, en ese calabozo de la sociedad, donde las personas como yo podían forjar sus míseros sueños.

Pero después de años de labor y esfuerzo en esa región de tinieblas, después de años de tratar de aprender un idioma que todavía se me resiste, y después de descubrir que un diploma de preparatoria no garantiza la estabilidad económica ni la movilidad social, algo sin precedentes ocurrió: vine y los descubrí; descubrí este mundo intelectual, y los descubrí a ustedes, académicos, porque hasta entonces no existían. No existían en mi imaginación. Yo me había visto obligado a abandonar la escuela a los 12 o 13 años de edad, y mi prematuro desarraigo de la educación formal no había dejado ni rastro de ustedes ni de su mundo. Así que los descubrí en una etapa tardía de mi vida, años después de haber obtenido mi diploma de preparatoria abierta. Fue durante mi primer día de clases en un *community college* en los suburbios del suroeste de Chicago. Ahí, rodeado de jóvenes unos diez años menores que yo, me sentí inmediatamente aturdido, desorientado y cegado por la luz de la alegoría de Platón. Ese fue mi primer encuentro con la filosofía. Yo soy como una de esas personas en la caverna, recuerdo que me dije, sentado en mi pupitre, hipnotizado. Sentí un grillete de metal en mis tobillos, y el peso de cadenas invisibles que me ataban a la oscuridad.

La propuesta de Platón tuvo tal impacto en mí que, al regresar al trabajo y reanudar mis actividades como lavaplatos, sentía siempre que mi obligación como ser pensante era preguntarle a los cocineros sus razones para exigir que me apurara con los platos. ¡Ja! ¡Como si la velocidad con la que yo restregaba los trastes pudiese marcar diferencia alguna en el gran plan de las cosas! ¿Qué no sabían que la esencia de las cosas es permanente e inmutable? ¿Que el movimiento es imposible porque entre un punto y otro siempre hay un punto medio, y que de ese punto medio a otro punto hay un infinito número de puntos intermedios? Me daban ganas de decirles, "Tranquilos, no vamos a llegar a ninguna parte; a todos ustedes los están engañando los sentidos". ¿O debería, mejor, cumplir con su urgente petición y permanecer indiferente y remoto? Una teoría distinta, la de Heráclito, me aseguraba que la persona a la que le habían gritado y aquella que lavaba los trastes eran dos personas completamente diferentes. Me sentía obligado a entablar un diálogo socrático con los cocineros para comprobar si los platos que me exigían eran lo que ellos pensaban que eran o si habían estado viviendo una mentira durante toda su vida. Encadenados en la caverna, habían vivido engañados por las sombras. ¡Una idea como esa seguramente los dejaría confundidos! Pero entonces, anticipando su respuesta, "¡Déjate de chingaderas y apúrate con esos pinches platos cabrón!", abandonaba mis inquietudes filosóficas y restregaba los platos con más fuerza.

Es posible que mi educación como adulto haya comenzado como algo surrealista, pero con el tiempo se hizo evidente que la educación tenía el poder de moldear incluso mi realidad cotidiana. Antes de ingresar a la universidad, siempre que uno de mis compañeros de trabajo me pedía que cubriera su turno, accedía sin dudar. No obstante, ya como estudiante, mis prioridades comenzaron a cambiar. ¿Qué era más importante, trabajar horas extras para comprar un coche nuevo y reluciente o pasar más horas tratando de mejorar mi inglés? Llegó un momento en el que mis valores también comenzaron a cambiar. En lugar de anticipar la comodidad y emoción de un coche nuevo, me ocupé con las páginas de mi diccionario. Me puse a hojearlo para encontrar el significado de términos como "compost" y "swamp" y "mulberry", palabras que no conocía en ese entonces y que había encontrado en un libro llamado *Walden* cuya fascinación y misterio estaba tratando de desentrañar.

Eventualmente, también se hizo evidente que, más que las posesiones materiales, el *tiempo* era lo valioso y, con el tiempo, las lecciones y las ideas que podía aprender de los libros que se me asignaban. Después de todo, algunas de esas ideas abordaban directamente mi experiencia. Mis lecturas cuestionaban mis suposiciones respecto al mundo y la manera en la que me relacionaba a él. Resultaba que algunos de los valores que se me habían inculcado tenían principios equivocados, como la manera en la que los hombres mexicanos tratamos a las mujeres o educamos a nuestros hijos. Mis lecturas ofrecían también explicaciones acerca de mi situación social. Me hablaban acerca de la desigualdad económica, las luchas sociales y el devastador poder del capitalismo y de la globalización, culpables ambos de la explotación de la humanidad y de su movimiento masivo a través de continentes y siglos.

Y esto me trae de regreso a Chicago, al Medio Oeste y a mi situación actual. Recientemente, durante una conversación como esta, alguien se refirió a mí como una anomalía estadística. Lo que esta persona quiso decir fue que, cuando se trata de cuestiones intelectuales, no mucho puede esperarse de personas como yo, es decir, de los desplazados económicos, los condenados de la tierra, aquellos para quienes la educación superior, o incluso el bachillerato, nunca ha sido una posibilidad. A pesar de que lo dijo como un cumplido, la verdad es que no veo cómo puedo ser diferente al lavaplatos, al jardinero, al obrero o al albañil: yo soy uno de ellos, con la salvedad de que he tomado una serie de decisiones poco convencionales que han alterado radicalmente el curso de mi vida.

Si bien cuando llegué a Chicago era un joven mexicano dispuesto a hincarme y restregar inodoros, ahora soy un profesionista maduro capaz de dirigir un seminario acerca del carácter mexicano de Chicago y explicar cómo las personas de mi extracción social han contribuido a hacer de esta hermosa ciudad nuestra lo que es hoy en día: una metrópolis de clase mundial. Pero parte de lo que hace de Chicago un fabuloso destino turístico durante tiempos normales es la labor de las personas que trabajan en lugares como hoteles, bares y restaurantes, y que lo hacen sin tener la garantía de que podrán regresar a ver a sus familias una vez habiendo terminado su turno. La incertidumbre de vivir sin estatus legal, el saberse un ser desechable, la conciencia permanente de existir como un indocumentado mexicano en una ciudad como Chicago: estas son algunas de las ansiedades que permean nuestras vidas e informan nuestra orfandad colectiva.

Por consiguiente, al pensar acerca del comentario que aquella persona hiciera respecto a mi situación individual y conociendo bien el limbo en el que yo, al lado de millones de otros mexicanos existimos en este monstruoso proyecto imperial que se llama a sí mismo "América", francamente no veo cómo pueda diferenciarme de un cocinero, de un jardinero o de un lavaplatos. Al igual que ellos, yo soy parte de la misma casta social que Estados Unidos ha creado a fin de garantizar una fuente de mano de obra barata, dependiente y estable a lo largo de las décadas. No obstante, dado mi caso particular, al mismo tiempo comprendo el importante papel que la ironía ha jugado en mi vida y que una historia similar a la mía solo es posible en un país como Estados Unidos: una nación capaz de redimir al paria siempre y cuando éste se mantenga a una distancia prudente. La perversidad inherente del sistema político americano consiste en que puede absorber la cultura, el espíritu, la esencia misma del otro al mismo tiempo que lo humilla, lo sataniza y lo reduce a una estadística, a un número.

En una ciudad plagada de problemas sociales tales como la inequidad sistémica, la segregación racial y una brutalidad policial endémica, que afectan tanto a las minorías negras como hispanas, las instituciones como la Universidad de DePaul pueden desempeñar un papel importante siendo no solo un espacio de diálogo y alivio. Pueden también ser una especie de umbral. Las personas de comunidades históricamente marginadas pueden tomar aquí el primer paso de una nueva jornada, dirigirse a destinos a los cuales ningún miembro de sus familias ha podido viajar antes, hacia un futuro que no pueden todavía ni imaginarse, un futuro que no solo los transformará a ellos en lo personal, sino que podrá tocar muchas otras vidas más allá de su comunidad, más allá de Chicago, más allá de esta nación, la cual muy a menudo es profundamente cruel, pero que siempre retiene algo de generosidad. Créanme cuando afirmo esto: lo digo por experiencia.

Discurso preparado en motivo de la recepción del Premio Inaugural al Intelectual Público por parte de la Universidad de DePaul, en Chicago, el cual se me confirió el 16 de noviembre de 2020. ⌘

PARTE III. Refutación y desafío

Cómo nos (des)ven

Mi nombre es José. Soy mexicano. Y sí, soy indocumentado. Sé que, en un país como Estados Unidos, nada de esto sorprende, pues mi nombre sugiere mi nacionalidad y ésta mi (falta de) estatus legal. Y no los culpo. Después de todo, este constituye el triple filtro a través del cual la sociedad estadounidense ve (o *desve*) a la población mexicana que aquí radica. Lo que quizá no sepan es que también tengo un segundo nombre, "Ángel", además de un apellido que, por miedo a ser deportado, en años recientes me he visto forzado a omitir. Pero acabemos con el suspenso. En *Ilegal*, mi autobiografía, me identifico tan solo con mi inicial, "N", como si fuera un "Nadie", cuando en verdad mi apellido es Navejas. Y esto es solo para decir: no tendré estatus legal, pero tengo un nombre completo, una historia particular, una voz propia.

Además de ser un José genérico, soy también esposo, padre, autor y, por más de un cuarto de siglo, experto en el dilema ontológico de la vida indocumentada.

Tampoco es sorpresa que este artículo aparezca apenas ahora, semanas después de la controversia generada por el libro *American Dirt*, de Jeanine Cummins. Después de todo, es perfectamente consistente con la tradición americana que, en temas relacionados con la población indocumentada, las voces indocumentadas sean las últimas en escucharse, nuestras historias las últimas en verse. Los malos hábitos nunca mueren. Si no, observen: incluso en días perfectamente soleados, mientras empujamos pesadas podadoras en los enormes patios traseros de sus residencias suburbanas, ustedes, los estadounidenses, nos siguen imaginando naturales de un distante imperio de penumbras. Y esto, la miopía imperial, es, me parece, el aspecto más perturbante de la novela de Cummins. No la descarada apropiación de la historia del otro, sino la hipocresía y la desensibilización que transforma el profundo sufrimiento humano en soso melodrama.

Al contrario de lo que otros piensan, yo no estoy convencido de que ningún autor posea el monopolio absoluto de cierta narrativa, incluso si ésta lo define. Si ese fuera el caso, entonces la mejor interpretación de la obra de Emerson necesariamente estaría marcada por el severo y aburrido carácter anglosajón de Carlyle o de Nietzsche. Y, sin embargo, es, en mi opinión, en las luminosas páginas de un joven caribeño, José Martí, donde la magia de la prosa de Emerson mejor se aprecia.

Este mismo principio pudo haber guiado la novela de Cummins. Como persona ajena al fenómeno que describe, Cummins pudo haber ofrecido una nueva perspectiva sobre la profunda tragedia que azota a los mexicanos en la actualidad. Y, no obstante, optó por el coqueteo con el crimen, la imagen macabra y la hiperbólica impotencia de un pueblo cuya mayor virtud es quizá la sobrevivencia misma.

Pero tampoco eso me sorprende. Durante estas semanas de retórica indignada, victimización y de los esfuerzos loables de la comunidad literaria latinx por reformar la industria editorial estadounidense, algo que nadie parece haber notado es que lo que debe reformarse no es solo la industria editorial, sino el lector estadounidense. O, dicho de otra manera, la manera en la que Estados Unidos elige lo que lee. Si bien el consejo de las celebridades puede resultar inocuo cuando se trata de elegir el mejor desodorante, seleccionar los libros que informan la manera en la que vemos la realidad es algo completamente distinto.

En este caso en concreto, tomar en serio las recomendaciones literarias de una celebridad como Oprah Winfrey puede funcionar bien como tema de *reality show*, pero no puede explicar la gravedad del tema que aquí nos ocupa. Pero quizá de eso se trate: de observar la profundidad de la realidad social por medio del lente cómico que caracteriza a la mitología televisiva, en cuyo caso la novela de Cummins es el guión perfecto. *American Dirt* ha reducido la gravedad de la crisis humana transnacional al estatus de lo que otra persona ha llamado "pornografía del trauma", colocando a sus personajes en un vacío sociohistórico y negándoles toda profundidad psicológica. Al hacerlo, los culpables de la tragedia que azota al país vecino—los fabricantes de armas y el consumo de drogas en Estados Unidos, la vasta inequidad y el fracaso educativo en México—siguen sin confrontarse ni cuestionarse.

Cummins ha *recreado* exitosamente la narrativa que su lector quiere y necesita: la imagen del "otro" con la cual el pueblo anglosajón ha estado lucrando y divirtiéndose desde el siglo xix. Y es así como el lector estadounidense (des)ve a los mexicanos. En lugar de considerar en serio el dilema existencial de millones de personas que se encuentran, como es mi caso, permanentemente varados en un limbo legal, la población liberal estadounidense prefiere imaginarnos como personajes ficticios: como una enorme congregación de sombras habitando al margen de la sociedad.

Me imagino al lector promedio ante las páginas de Cummins: en su inocencia, piensa estar incursionando en una descripción precisa de la profunda miseria humana, a la vez que ignora por completo que lo que en realidad está haciendo es responder a sus propios prejuicios, sus propias formas platónicas. ¿Este lector piensa en algún momento en su falsa empatía? ¿Piensa en cómo, en un medio donde la verdad se traduce en ventas, ha ayudado a proyectar a la autora al rango de millonaria?

Pero quizá ese sea el secreto detrás del genio creativo estadounidense: la trivialización del sufrimiento en función del entretenimiento. Al escribir *American Dirt*, Cummins perpetuó la tradición de la mímica. Cummins escribió el guión para el espectáculo del *minstrel* que exige el clima cultural y político de la actualidad, y el público americano cayó redondo. Es quizá por eso que los apologistas de la industria editorial estadounidense, así como aquellos que se han visto seducidos por su milagrosa capacidad para generar riqueza, se precipitaron a adjudicarle a la novela de Cummins el paradójico estatus de un "clásico" instantáneo.

En una entrevista reciente, Cummins lamenta el tenor del diálogo que se ha dado en torno a su obra. Víctima de su propio éxito comercial y de su inocencia cultural, Cummins también ha lamentado que su novela no haya sido escrita por una persona de tez un tanto más oscura. No obstante, es dudoso que ese hipotético autor se atreviera a denigrar el profundo trauma generado por la violencia, por el desplazamiento forzado, por la incursión en la interminable noche estadounidense, tan solo para darse cuenta de que su humanidad ha sido ilegalizada.

Y esto es simplemente para decir: existen, en este vasto y complicado país, escritores de piel oscura a granel, Jeanine Cummins, algunos de los cuales son autores de una narrativa propia, entre los cuales me incluyo. La cuestión entonces es otra: ¿es posible que el lector estadounidense escuche?

Publicado originalmente en *Literal Magazine*, 5 de marzo de 2020 ⌘

La frontera

Buenas tardes. Mi nombre es José Ángel Navejas, y a los 19 años de edad violé la frontera estadounidense y eventualmente me materialicé en Chicago. Eso fue hace aproximadamente 26 años, y desde entonces, la región del Medio Oeste ha sido mi hogar. Si en ese entonces alguien me hubiera dicho que algún día estaría aquí esta tarde, ante esta audiencia, me hubiera burlado de él. Nunca en mi vida me hubiera podido imaginar que llegaría el momento en el que me encontraría pronunciando un discurso ante una audiencia académica como la presente, en un idioma ajeno y abordando lo que es quizá el tema más urgente de la sociedad contemporánea: el movimiento masivo de personas, un desafío sociopolítico no solo para este país, sino para el mundo entero. Después de todo, por motivos económicos, a los 12 años de edad me había visto forzado a abandonar la educación formal, lo cual prácticamente me condenaba a una vida de labor manual. Y eso era precisamente lo que tenía en mente cuando me arrastré por debajo del muro metálico y oxidado que dividía a Tijuana de San Diego a principios de la década de 1990: estaba desapareciendo en la interminable noche estadounidense, así como anteriormente lo habían hecho mis tíos maternos e incontables generaciones de trabajadores mexicanos.

¿Pero en verdad desaparecí?

Antes de poder hablar sobre mi respuesta a la frontera, debo compartir con ustedes cómo la idea de la frontera informó y nutrió mi imaginación infantil.

Cuando era niño en un empobrecido y aburrido vecindario de Guadalajara, había un evento que nunca dejaba de entusiasmarme:

el regreso al barrio del hijo pródigo. Era siempre un hombre. Su joven cuerpo irradiaba el aura del éxito. Regresaba a casa brevemente, desplegando el botín que había adquirido trabajando como lavaplatos y jardinero y obrero de fábrica y quién sabe dios qué otras ocupaciones en un lugar donde aparentemente a todo mundo le iba bien.

La verdad es que nunca supe qué tipo de trabajo desempeñaba el hijo pródigo del barrio en el país vecino. Y ni me importaba. En una sociedad profundamente obsesionada con la apariencia, lo único que importaba era su deslumbrante presencia, sus impresionantes aparatos eléctricos, sus resplandecientes y pulcros tenis blancos. Posesiones materiales. Para mí, este joven representaba la encarnación misma del éxito. En un lugar donde el estancamiento económico era la norma, también inevitable era que mi imaginación infantil proyectara sus anhelos y aspiraciones hacia el mitológico lugar de donde este joven regresaba. Como todo niño de mi extracción social, pronto acepté mi eventual viaje al norte como un tipo de fatalidad.

A lo largo de la década de 1980, presencié con fascinación la manera en la que el poder gravitacional de Estados Unidos atraía a mis vecinos al norte por la mayor parte del año, para después liberarlos por breves temporadas. Entonces, de manera súbita, se materializaban de nuevo en la soleada Perla Tapatía: una alegre parvada de coloridas aves migratorias aterrizando en sus rotos nidos. También yo bebí del cáliz de la promesa, del crecimiento económico. Una soleada tarde de 1993, asumí mi rito de iniciación: un viaje de 36 horas en autobús hasta Tijuana me depositó en el umbral de la madurez y la solvencia financiera. Un pueblo verdaderamente desesperado, mis vecinos y yo, que en conjunto conformábamos un nutrido ejército de cuerpos morenos, todos con un nivel ínfimo de educación, habíamos sido convocados por las inexorables fuerzas del capitalismo a satisfacer la insaciable sed de mano de obra barata de esta colosal economía. Qué convenientemente perversos son a veces los íntimos designios del universo: situar la economía más próspera de la histo-

156

ria humana al lado de uno de los países con el más alto índice de desigualdad en todo el planeta para que podamos reunirnos aquí esta tarde y hablar al respecto.

No obstante, hoy día, a más de 26 años de distancia, el fenómeno de la migración cíclica, el cual les había permitido a mis vecinos visitar anualmente a sus familias, ha quedado confinado a los libros de historia. Las laxas regulaciones que les permitían ir y venir libre, si bien informalmente, de acuerdo con la demanda de trabajo, ya no existen. En lugar de eso, lo que existe es una población de 11 millones de personas indocumentadas, como yo, atrapados detrás de una frontera cada vez más militarizada.

La historia de la cual soy parte está repleta de complejidades e ironías: una saga de todo un siglo entero si consideramos tan solo la presencia de los mexicanos en el Medio Oeste, y de casi dos siglos, si tomamos en cuenta el hurto de medio territorio mexicano por parte de Estados Unidos a mediados del siglo XIX. Pero esta complicada historia entre ambas naciones no es algo de lo que a muchos americanos les guste hablar, ya sea porque optan por ignorarlo o porque es un tema difícil. En consecuencia, a fin de poder entendernos, a fin de poder comprender la presencia de los millones de mexicanos indocumentados que en la actualidad radican en este país, la siempre activa imaginación estadounidense se vale de un mito de reciente invención: la vida en las sombras.

Como estudiante de literatura, el poder que Estados Unidos tiene para mitificar su vida cotidiana me ha dejado completamente pasmado. Es un poder que permea todo aspecto de su vida colectiva, incluyendo su política y su economía. Después de todo, ¿de qué otra manera podría explicarse que un político, hambriento después de pronunciar un agotador discurso acerca de la invisibilidad y la cualidad descartable de 11 millones de personas, ignore que las verduras y carnes que está a punto de consumir han sido cosechadas y procesadas por manos indocumentadas? ¿Cómo explicarle que las enchiladas y el guacamole que reposan sobre su mesa han sido preparados por manos invisibles? ¿Cómo convencerlo de que el mesero que le ha procurado la cena y procede a servírsela, levitando, quizá, a la vez que llena su vaso de agua, es más que una ilusión?

Así pues, al responderle a la frontera, tanto a esa monstruosa estructura como a la opresiva ideología que la sostiene, yo en lo personal he optado por la opción más sencilla: rehusándome a permanecer callado. Me rehúso a aceptar la conveniente idea que expulsa a la gente de la existencia cotidiana y los condena a un imperio de oscuridad y silencio como si, en lugar de tratarse de seres de carne y hueso, no fuéramos más que una imagen fantasmal. Me rehúso a ser parte de la idea colectiva que nos ve como si no fuéramos más que entes metafísicos y desechables, parte de un sueño, de un cuento fantástico de Borges y no personas con un nombre propio y una historia individual. Me rehúso a permanecer callado y, al hacerlo, me pronuncio en contra de la mitología americana, en contra de la complicidad de todos aquellos que buscan negarles a personas como yo una voz y un lugar en esta sociedad. A un país que se concibe a sí mismo como la democracia más madura del mundo, yo le respondo que sus actuales instituciones políticas son tan obsoletas como el sistema de castas más antiguo del planeta. Después de todo, ¿cómo se puede explicar que incluso ahora, en el apogeo de una grave crisis de refugiados y durante el debate sobre la renovación del programa DACA, la clase política de Washington no parece darse cuenta de que a 11 millones de personas como yo, una población más grande que la de Suecia y aproximadamente un tercio de la población entera de Canadá, se nos obliga a vivir en un estado de incertidumbre diaria? Me pronuncio en contra de la idea, la fantasía de que con el simple hecho de elegir a un candidato demócrata para que ocupe la oficina oval en las próximas elecciones presidenciales la población indocumentada encontrará en él a un aliado. Ya me ha tocado verlo. Lo he vivido, y a pesar de su encanto y su elocuencia, las medidas del último demócrata en ocupar dicho cargo resultaron ser más brutales que las de todos sus predecesores juntos.

No existe una panacea que pueda solucionar el dilema de los indocumentados, de la misma manera que tampoco existe una silenciosa legión de sombras. Más bien, lo que existe es un urgente asunto que la clase política de este país no tiene interés alguno en resolver siempre y cuando sus industrias sigan funcionando y produciendo, siempre y cuando la Administración de Seguridad Social siga recibiendo los 13 mil millones de dólares que los indocumentados pagamos en impuestos anualmente. Siempre y cuando los bienes y el capital sigan fluyendo libremente entre México y Estados Unidos, el muro fronterizo, ese monumento a la estupidez política, seguirá expandiéndose. Mientras que el elemento humano no sea parte de esta ecuación, mientras no se tome en cuenta en este perverso fenómeno trasnacional diseñado para generar riqueza y regular y limitar la movilidad de personas como yo, las familias como la mía permanecerán separadas por años, por décadas, a veces por el resto de sus vidas.

Cuando era niño en Guadalajara, solía soñar en venir a este país a trabajar. Y así lo hice: un día me encontré en Chicago siendo ya un joven adulto sin saber una palabra de inglés y sin más que una precaria educación de secundaria. Había llegado hasta el Medio Oeste para ganarme la vida en empleos ínfimos, a los cuales me dediqué por muchos años. No obstante, ya que la vida es impredecible y está llena de ironías, ese niñito de un barrio marginal de Guadalajara a quien el sistema educativo mexicano abandonó a los 12 años de edad, ahora se presenta ante ustedes apenas unos meses antes de recibir el título de doctor en letras de una universidad americana: el título más alto que cualquier universidad pueda conferir. ¿Y no les resulta interesante que aquel joven con un nivel de educación mínimo que llegó a este país a desempeñar labores manuales sea ahora una persona con un exceso de educación a quien no se le permite desempeñarse en el medio intelectual?

A pesar de lo inusual que pueda parecer, ofrezco mi testimonio con el fin de señalar el dilema moral y ético que los empleadores e incluso instituciones como esta universidad tendrán que enfrentar con un creciente número de personas en una situación similar a la mía ahora que la Suprema Corte de Justicia está debatiendo la renovación del programa DACA. Una vez que los jueces lleguen a una decisión, es posible que cientos de miles de jóvenes profesionistas no puedan seguir trabajando legalmente en sus campos de especialización, y tendrán que regresar a hacer labores manuales. De tal manera, la decisión de personas en posición de ofrecerles empleo será o incluirlos y subvertir el sistema, o ser cómplices del mismo y perpetuar el status quo.

Como yo lo he dicho, no hay solución simple a este profundo dilema humano. Y la razón es esta: los problemas sistémicos pueden solo corregirse implementando cambios estructurales. Imaginemos un mundo diferente, un mundo sin fronteras, un mundo donde la nación-estado, al igual que la monarquía absoluta, es cosa del pasado. Tengamos el coraje de imaginar un momento en que el valor individual de cada persona es mayor que el de cualquier símbolo mitológico o barrera arbitraria que nos promete una seguridad falsa, así como lo hace el artista indígena zapoteca, Nicolás de Jesús, en la siguiente ilustración:

Y, mientras tanto, dejemos de engañarnos con la ilusión de que vivimos en una democracia funcional. Después de todo, desde su inicio, el proyecto principal de la cultura política de Washington DC ha sido la formación de un sistema de castas. El limbo legal de 11 millones de personas es testigo. Y, después de un cuarto de siglo, también yo lo soy.

Muchas gracias por su tiempo.

Discurso pronunciado en la conferencia *La Frontera — The Border: An Interdisciplinary Examination*, en la Universidad de Chapman en Orange, California, el 15 de noviembre de 2019. ⌗

ACERCA DEL AUTOR

José Ángel Navejas es autor de *Illegal: Reflections of an Undocumented Immigrant,* un tomo autobiográfico que se ha vuelto lectura obligatoria en cursos universitarios a lo largo de Estados Unidos. También ha publicado *Invierno: Playlist desde Chicago.* En 2018 compiló *Palabras migrantes,* la primera antología de ensayistas mexicanos radicados permanentemente en una ciudad principal estadounidense.

En 2019, el Pilsen Fest de Chicago le entregó el Premio Literario José Revueltas y ese mismo año recibió la beca nacional Mellon Fellows Program. En 2020 se le concedió el Premio Inaugural al Intelectual Público otorgado por el Center for Latino Research, de DePaul University en Chicago.

José Ángel Navejas obtuvo un doctorado en Estudios Hispánicos de la Universidad de Illinois en Chicago en 2020, haciéndolo el primer indocumentado (sin las protecciones de DACA) en obtener dicho título de una universidad pública estadounidense. ⌘

www.ingramcontent.com/pod-product-compliance
Lightning Source LLC
Chambersburg PA
CBHW050856180626
46814CB00007B/2758

* 9 7 8 1 7 3 6 5 6 5 0 0 1 *